francisco pardo

A Fran y Robi

francisco pardo

Textos Texts

Hernán Díaz Alonso
Luca Molinari
Alejandro Hernández

contenido
contents

2004

2019

10 m^2 2,000 10,000 20,000

Gabriel Mancera

Estación de Bomberos “Ave Fénix”

Lisboa 7

Tecamachalco

Centro de Cultura Digital

Foros Azteca

Havre 69

Havre 77

Milán 44

Un cuarto más

Parque Héroes

Kura

Parque Colinas

Ocuilan

Puerto Escondido

La sofisticación de lo imperfecto

Hernán Díaz Alonso

"El camino al infierno esta plagado de buenas intenciones"
Variación argentina a un antiguo proverbio de no clara autoría

Siempre se debe sospechar de los arquitectos —en verdad de todo acto creativo— que anuncian buenas intenciones. La arquitectura que nos inspira, emociona, enoja, frustra, excita, no debería preocuparse por buenas intenciones, sino en buenos resultados. En este libro, Francisco Pardo, Pancho, solo muestra los edificios en estado final. Ya desde este punto de partida, simpatizo con el libro, y con el trabajo. No hay proceso, ergo las intenciones permaneceren por lo menos oscuras.

Así que aquí vamos.

Algunas notas al azar del afecto por el trabajo de Pancho Pardo.

La arquitectura es un esfuerzo personal; se expone a ser juzgado, por el público, un cliente, un gobierno. Pero es un esfuerzo personal, es del trabajo del arquitecto y su equipo. Al menos ese es el tipo de arquitectura que considero relevante.

Nos gusta pensar que cada pieza de arquitectura es el resultado de una coreografía de fuerzas que se unen. Por alguna razón, encontramos consuelo en la noción de ser un proceso colectivo. Prefiero la noción de que la arquitectura es el punto de vista de los arquitectos, es la aspiración y la visión de los autores que afirman cómo debe ser el mundo, la ciudad.

Admito que este punto de vista produce una comprensión más provocativa de los espacios en los que vivimos, nos hace receptores y no participantes de ellos, al mismo tiempo podemos pensar que este punto de vista es una interacción más humana con la arquitectura. Porque, de alguna manera, te relacionas con los individuos detrás del trabajo. Sin duda, acerca la arquitectura al arte, la literatura o la música, que creo que es el lugar donde debería estar. Pancho Pardo y su equipo están trabajando en esta versión de arquitectura, la única que debería importar. Lo están haciendo con un implacable sentido de ***optimismo***, ¿qué es la arquitectura si no un acto de optimismo? Lo están haciendo con un nivel de imperfección, en el mejor de los sentidos, excelente y, de nuevo, un acto creativo sería poco interesante sin imperfección. Domina la ***sofisticación de lo imperfecto***, que podría ser una de sus contribuciones más importantes a la práctica contemporánea de la arquitectura. Me refiero a lo imperfecto como una comprensión alternativa del logro de la belleza, el optimismo, la perversión, la torpeza. Es una combinación extraordinaria de fuerza innovadora.

La originalidad debe ser una aspiración en la arquitectura. Ahora, si pensamos de una manera más contaminada, sucia y grotesca, podemos ser más abiertos. Persigue el estado puro de la arquitectura, orgullosa del trabajo y el compromiso con la inutilidad, en el sentido de que la verdadera innovación y el progreso se producen a menudo cuando los trabajos se centran en su naturaleza sin preocuparse por el despliegue práctico. Lo cual requiere de bastante coraje, o en términos académicos, *huevos*, en el contexto latinoamericano de la arquitectura, donde el peso insoportable del luto permanente por la modernidad y su denso aire de funcionalidad obliga a seguir reclamando axiomas de la antigüedad arquitectónica de hace casi un siglo.

En lugar de remediar esta tendencia retrocediendo hacia el pasado, ¿no está claro que lo que se requiere es un compromiso más profundo de especulación imaginativa? ¿No deberíamos invertir en repensar nuestra arquitectura como un problema de fabricación de las realidades que deseamos? En lugar de aplicar viejas estrategias metodológicas para usar tecnologías de formas extrañas, ¿no deberíamos considerar cómo podríamos implementar imperfecciones para promover un hiperrealismo del presente? Me gusta pensar que el trabajo de Pancho usa las imperfecciones como agentes de contaminación.

En el contexto latinoamericano y en particular de México, el peso de la modernidad nos ha llevado a cánones demasiados repetitivos. Creo que en el caso de Pancho el regodeo por la sofisticación de lo imperfecto, actúa como un antídoto a esa complacencia del "proyecto neo-modernista." Entiende las oportunidades de la energía de lo cotidiano como una base desde donde se pueden lanzar procesos de sofisticación que crean momentos sublimes —en la justa medida: tampoco está bien ser sublime todo el tiempo.

Creo que la arquitectura es una disciplina de la que no puedes salirte sin entender y conocer su historia. Eso es probablemente cierto en cualquier otra disciplina, pero es evidente y presente en la arquitectura, donde la mayoría de las veces uno no se da cuenta de que el trabajo que los diseñadores están realizando tiene similitudes con el trabajo que se produjo anteriormente. Así que es mucho mejor tener historia y precedentes en tu repertorio que no tenerlos. Al mismo tiempo, cuando se exagera en le regodeo histórico te arriesgas a revisar algunas de las pesadillas del posmodernismo —y los arquitectos siempre están girando en torno a su propio incesto. Mi sensación es que la arquitectura siempre es como un juego y tienes que seguir moviendo la línea de meta todo el tiempo.

No importa cuán grande sea la fascinación por las tecnologías actuales, la arquitectura es y debe seguir siendo un problema existencial. Tiene que seguir siendo un problema humanista y siempre debe reclamar un tipo de problema artístico. El trabajo de Pancho Pardo ayuda a entender y creer que para ser todo lo que la arquitectura deba ser, no puede ser solo ciertas cosas. Por eso es que la arquitectura debe ser un agente de lo que está disponible. En cualquier caso, sin reclamar ningún tipo de canon religioso, porque creo que entonces nos paralizamos. Nunca la arquitectura de Pancho Pardo deja la sofisticación de lo imperfecto. Simplemente es curioso y esta canalizando diferentes formas de ver. La estética del día a día de la contaminación se vuelve vital, necesaria y sí: inútil, en el mejor sentido de la palabra. Hay belleza en el desorden, las contaminaciones, las putrefacciones, y estas deben ser canalizadas a través de la pasión. Si no tienes pasión por algo, en primer lugar no deberías hacerlo. ¿Cómo puedes avanzar algo si no le haces frente? Creo que deberíamos esforzarnos por lograr ese equilibrio e intentar romper ese ideal perfecto de imaginación, innovación y originalidad. Debemos creer en la integridad de la persecución y las obsesiones de Pancho Pardo. Al final, el único propósito de la arquitectura es imaginar y desafiar la cultura de la disciplina en todos los ángulos posibles. Lo cual no es tarea fácil en el mundo extraordinario de la arquitectura mexicana, ya sea por su peso histórico o por su continuada relevancia. Pancho Pardo nos invita a imaginar y desafiar con su elegante mirada de lo imperfecto.

The Sophistication of the Imperfect

Hernán Díaz Alonso

"The road to hell is plagued with good intentions."
(Argentinian variation on an ancient proverb of uncertain authorship)

One should always be suspicious of architects —indeed, of any creative act— who promise good intentions. The architecture that inspires us, that thrills, angers, frustrates, or excites us, should not be concerned with good intentions, but rather with good results. In this book, Francisco Pardo —"Pancho"— only presents buildings in their final state. From this very starting point, I sympathize with the book and with Pancho's work. There is no process to be seen, so the intentions at least can remain obscure.

So here goes.

Some notes jotted down at random about my affection for the work of Pancho Pardo.

Architecture is a personal endeavor: one exposes oneself to be judged, by the public, by a client, by a government. But if it is a personal endeavor, it is also the result of collaboration between the architect and his or her team. At least that is the kind of architecture I consider relevant.

We would like to think that every piece of architecture is a choreography of united forces. For some reason, we take consolation in the idea of its being a collective process. I prefer the idea that architecture represents the viewpoint of the architects themselves, that it is the aspiration and vision of its practitioners, who are affirming how the world, how the city, should be.

I recognize that this viewpoint produces a more provocative understanding of the spaces in which we live, making us receivers of and not participants in them. At the same time, we might think this viewpoint represents a more human interaction with architecture. Because, in some way, we relate to the individuals behind the work. In any case, it definitely brings architecture nearer to art, literature, or music, which is where I believe it ought to be. Pancho Pardo and his team are working on this version of architecture, the only one that should matter. They are doing so with an implacable sense of ***optimism***, for what is architecture if not an act of optimism? They are doing so with a level of excellent imperfection, in the best sense of that word, and again, a creative act is of little interest without imperfection. Pancho Pardo has mastered the ***sophistication of the imperfect***, which may well be one of his most important contributions to the contemporary practice of architecture. I am referring to the imperfect as an alternative understanding of the achievement of beauty, optimism, awkwardness, even perversion. It is an extraordinary combination of innovative force.

Originality should be an aspiration of architecture. Now if we think in a more contaminated way, with more grit and grotesquery, we can be more open. Pardo pursues the pure state of architecture, with its pride in work and commitment to uselessness, in the sense that genuine innovation and progress are often produced when projects focus on their actual nature, without any concern for practical display. This requires a good deal of courage or (to employ the term of art) of ***balls***, in the context of Latin American architecture, where the unbearable weight of endless mourning for modernity, with its thick pall of functionality, obliges architects to continue repeating axioms from the architectural antiquity of almost half a century ago.

Instead of remedying this trend by turning back toward the past, isn't it obvious that what is needed is a deeper commitment to imaginative speculation? Shouldn't we invest in rethinking our architecture as a problem of fabricating the realities we want to have around us? Instead of applying old methodological strategies for using technology in strange ways, shouldn't we consider how we might implement imperfections in order to promote a hyperrealism of the present? I would like to think that Pancho's work uses imperfections as agents of contamination.

In the Latin American context, and in particular in Mexico, the weight of modernity has led us to too many repetitive canons. I believe that, in Pancho's case, the pleasure he takes in the sophistication of the imperfect acts as an antidote to that complacence about "neo-modernist design." He understands the opportunities afforded by the energy of daily life, used as a base from which processes of sophistication can be launched to create sublime moments —albeit with moderation: there is no point in being sublime all the time.

I believe that architecture is a discipline from which it is impossible to depart without first knowing and understanding its history. This is probably true of any other discipline, but it is patently present in architecture, where one often does not even realize that a given work of design is similar to other work produced in the past. So it is much better to have some history and precedents in one's repertory than to be without them. At the same time, an excessive complacence in the past risks revisiting some of the worst nightmares of postmodernism — and architects are always turning about their own incestuous practice. My feeling is that architecture is like a game in which one has to keep moving the goal line all the time.

However great our fascination with current technologies, architecture is and should continue to be an existential problem. It must continue to be a matter of humanism, with some connection to artistic problems. The work of Pancho Pardo helps us to understand and to believe how, in order for architecture to be all it should be, it cannot be only certain things. That is why architecture must be an agent of what is available, but without making claims to any kind of religious canon, because then I believe we are paralyzed. The architecture of Pancho Pardo never abandons the sophistication of the imperfect. It is simply curious, constantly channeling different ways of seeing. The day-to-day esthetic of contamination becomes vital, necessary, and —yes— useless, in the best sense of the word. There is beauty in disorder, contamination, putrefaction, and these must be channeled through passion. If you feel no passion for something, you should not be doing it in the first place. How can you push something forward if you don't go up against it? I believe we should make the effort to achieve that balance and attempt to shatter that perfect ideal of imagination, innovation, and originality. We should believe in the integrity of the pursuits and obsessions of Pancho Pardo. In the end, the only aim of architecture is to imagine and to challenge the culture of the discipline from every possible angle. This is no easy task in the extraordinary work of Mexican architecture, owing no less to its historical weight than to its continued relevance. Pancho Pardo, with his elegant vision of the imperfect, invites us both to imagine and to challenge.

Pérdida de la inocencia

Luca Molinari

En el trabajo de cada autor existen fases iniciales en las cuales se rinde homenaje a los mitos de la propia juventud para encontrar un lugar reconocible en el mundo. El talento se utiliza para procesar imágenes, obras y memorias amadas, y para asegurarse que las propias ideas sean aceptadas dentro del contexto al que se siente pertenecer. También se trata de una fase de ruptura inevitable con el mundo circundante, el que se piensa que se debe transformar a toda costa generando trabajos aparentemente más radicales, fuertemente reconocibles y capaces de reafirmar un punto de vista. Aldo Rossi, en su conmovedor libro *Autobiografía científica*, habla de su trabajo de juventud y de *Arquitectos de la ciudad* como de una necesidad de expresar puntos de vista absolutos, justificando una forma de rigidez conceptual por lo que ya se sentía víctima consensual.

Pero se tratan de trabajos e investigaciones fundamentales y fundacionales, laboratorios abiertos en los que medirse, buscar libremente, osar, construir, una red de referencias y de adopción, probar a tomar una posición en un panorama global en donde la ausencia de pensamiento crítico siempre es más presente.

Viendo así, de lejos, en el trabajo de Francisco Pardo se lee con claridad un camino que atraviesa condiciones y estados de ánimo, así como podríamos describir la vida de una persona. Los trabajos iniciales, como el edificio de departamentos en la calle Gabriel Mancera, la Estación de Bomberos "Ave Fénix", el edificio Lisboa, los Foros Azteca y Tecamachalco son una primera, voluminosa familia de objetos mudos y elegantes en los cuales pareciera que se quiere dejar fuera de la puerta el ruido agresivo de la Ciudad de México.

Se tratan de obras que tratan de saldar/reiniciar la molestia/trastorno del exceso, de los grandes números, del polvo y de las luces cegadoras, con fachadas cortantes y defensivas, cuerpos de fábrica introvertidos y monolíticos que se vuelcan hacia sí mismos, y con gran orgullo muestran su pertenencia a una familia internacional bien seleccionada a la que pertenecen Bernard Tschumi, OMA, Wiel Arets, Diener and Diener, Herzog & de Meuron, junto con la memoria de la abstracción concreta de la arquitectura moderna mexicana que es evocada con extrema elegancia y consciencia.

Las fachadas metálicas y relucientes no guiñan un ojo al mundo exterior, sino que imponen su propia alteridad metropolitana, buscando un diálogo ideal e ilusorio con Rotterdam, Nueva York y Tokio. Juntas, las plantas son extremadamente rigurosas, bien diseñadas y calibradas con una estructura racional que no desdeña los giros inesperados en los que el uso de colores elementales y violentos juega con el uso de la geometría con una impronta gráfica fuerte como en la Estación de Bomberos o el edificio Lisboa 7.

En todas estas obras, la realidad parece no existir. Las imágenes nos remiten a un lugar abstracto, global y desarraigado donde estas obras podrían vivir fácilmente. La realidad sucia, inesperada, a veces desagradable pero llena de sorpresas emocionantes, caliente y ruidosa porque está llena de humanidad y oportunidades, política porque requiere una posición visionaria y necesaria para cambiar los escenarios, aquella realidad parece explotar en las manos de Pardo mediante una segunda familia de obras, las de una soledad buscada y capaz de activar otros recursos creativos listos para expresarse.

La serie de obras en el área urbana de la Colonia Juárez expresa un decidido cambio de ritmo, como el descubrimiento de un mundo paralelo que ha provocado visiones e investigaciones inesperadas y significativas. El desafío lanzado por el programa ReUrbano fue complejo y, ante todo, fue un intento de construir una metodología activa y adaptable a situaciones similares en lugar de centrarse en la solución única. Además, el estado de abandono de esta área histórica tras el terremoto de 1985 requirió operar estos cuerpos moribundos de manera innovadora, para que estuvieran abiertos a una contemporaneidad llena de nuevos deseos y necesidades. Francisco Pardo a menudo alude al tema de "prótesis" y las adiciones en las que el cuerpo antiguo y su integración pueden vivir juntos y en autonomía visual, mejorando el diálogo/contraste entre las partes. Esta estrategia parece evidente a partir de los proyectos de Havre 69 y 77, donde los injertos se muestran con honestidad y se despliega una forma de atención necesaria con lo existente. El cuerpo moribundo es revivido con elementos extraños y prótesis internas que declaran su contemporaneidad y su clara función, jugando elegantemente entre el material tradicional y los grados de abstracción formal de las nuevas partes.

Los injertos no solo son estructurales y espaciales, sino que también se refieren a las funciones inéditas insertadas y al uso diferente que se hace de un lugar originalmente pensado para la privacidad burguesa. Ahora, nuevos restaurantes, espacios comerciales y hábitos de vivienda flexibles y modulares irrumpen en estas cajas residenciales para devolverles la vida, demostrando que una buena arquitectura es capaz de resistir la función para la cual fue imaginada. Esta prerrogativa se vuelve aún más significativa si nos fijamos en el proyecto de Milán 44, en el que el volumen anterior regresa a un estado de esqueleto y es una máquina flexible capaz de albergar áreas para el consumo y la vida social que fluye a lo largo del espacio y el tiempo. En esta época de pérdida de inocencia definitiva y saludable, Francisco Pardo encuentra en la confrontación con la realidad su potencia y corrupción, la energía necesaria para expresar una proyectualidad más interesante, precisamente porque es necesariamente imperfecta.

Lo demuestra una serie de pequeños trabajos recientes, como los dos parques de Los Héroes y Las Colinas, en el Estado de México, donde la abstracción, el uso de geometrías y materiales elementales y la fuerza de visión producen espacios abiertos a la vida que los cruzarán, como fue con los cientos de parques infantiles diseñados por Aldo van Eyck en Ámsterdam, desde 1948. Y la pequeña residencia de la familia Guzmán, víctimas del reciente terremoto, para la cual Pardo realiza un objeto inclusivo y resistente, listo para ser habitado y felizmente canibalizado por sus usuarios.

La arquitectura no salvará al mundo, pero ciertamente puede contribuir a que sea placentero, y el trabajo de jóvenes autores como Pardo es uno de esos anticuerpos contra la pérdida de significado y la trivialización de los lugares que necesitamos para imaginar metrópolis a escala humana para las próximas décadas.

Loss of innocence

Luca Molinari

In the work of every architect there are initial phases in which homage is paid to the myths of his or her own youth, in an attempt to find a recognizable place in the world. Talent is used to process beloved images, works, and memories, and to ensure that the architect's own ideas are accepted within the context in which he or she feels a sense of belonging. There is also a phase of inevitable rupture with the surrounding world, which the architect believes he or she must at all costs transform, creating apparently more radical work, distinctly recognizable and capable of reaffirming a point of view. Aldo Rossi, in his moving book ***A Scientific Autobiography***, writes of the work of his youth and of ***The Architecture of the City*** as born of a need to express an absolute viewpoint, whereby he justified, as its willing victim, a form of conceptual rigidity.

But these initial phases consist of fundamental and foundational work and research: they are an open laboratory in which to take one's measure, to freely explore, to dare, to build a network of references and adopted guidelines, to attempt to take a stance within a global panorama where there is a striking lack of critical thinking.

Viewed in this way, from a broad perspective, the work of Francisco Pardo clearly reveals a path that winds through different conditions and moods, as if it were describing the life of a person. His early works, such at the apartment building on Gabriel Mancera, the Ave Fénix fire station, the Lisboa building, the Foros Azteca and Tecamachalco projects, constitute a numerous family of mute and elegant objects, which would all seem to wish to leave the aggressive ambient noise of Mexico City at the door.

These are works that seek to accommodate, to reset, the excessive nuisance and bustle of the context –the crowds, the dust, and the blinding lights–, with bristling, defensive façades, with introverted, monolithic factory-like volumes, turned in on themselves. They proudly wear the badge of a select international family, one to which Bernard Tschumi, OMA, Wiel Arets, Diener and Diener, Herzog & de Meuron also belong, while at the same time recalling the concrete abstraction of Mexican modernist architecture, which is evoked with great elegance and self-awareness.

The shining metallic façades show no complicity with their immediate surroundings, but rather impose their own metropolitan otherness, seeking an ideal and illusory dialogue with Rotterdam, New York, and Tokyo. The floor plans are highly rigorous, well-designed, and calibrated with a rational structure that does not reject unexpected shifts, where the use of vivid primary colors combines with geometrical motifs to create a striking graphic imprint, as in the fire station or the Lisboa 7 building.

In all of these works, reality seems not to exist. Their images evoke an abstract, rootless, global setting, where these works could thrive. Untidy, unexpected reality, –unpleasant at times but full of exciting surprises, hot and noisy, because it is full of humanity and opportunities, political because it demands the visionary stance required to change the scene–, that reality seems to blow up in Pardo's hands through a second group of works, works in which solitude is sought out, capable of activating other creative resources ready to be expressed.

The series of works in the urban zone of Colonia Juárez shows a distinct change of rhythm, like the discovery of a parallel world that has revealed unexpected and significant visions and insights. The complex challenge launched by the ReUrbano program was above all an attempt to construct an active methodology adaptable to similar situations, as opposed to a focus on unique solutions. Moreover, given the state of abandonment to which this traditional neighborhood had been condemned following the 1985 earthquake, the moribund urban fabric needed to be treated innovatively and opened up to a contemporary dynamic of new wishes and needs. Francisco Pardo often mentions the concept of "prosthesis," alluding to the way additions integrated into a preexisting volume can coexist in visual autonomy, improving the sense of dialogue and contrast among the parts. This strategy can be clearly identified in the Havre 69 and 77 projects, where the inserted "grafts" are shown openly and due attention is conferred on the preexisting structure. The moribund volume is brought back to life with foreign elements and internal prostheses that clearly declare both their contemporary nature and their function, in an elegant interplay of traditional materials and the degrees of formal abstraction of the new additions.

These grafts are not only structural and spatial, but also involve the new functions inserted and the different uses to be given to a place originally conceived to provide middle-class privacy. Now new restaurants and commercial establishments, along with flexible, modular living patterns, have flourished in these residential boxes, giving them new life and demonstrating that good architecture is capable of resisting the function for which it was conceived. This prerogative becomes even more significant if we turn our attention to the Milán 44 project, where the preexisting volume has returned to its skeletal state, serving as a flexible module able to house areas for a social and commercial life that flows through time and space. In this age of a definitive –and healthy– loss of innocence, Francisco Pardo discovers in a confrontation with reality both power and corruption, the energy necessary to express a more interesting approach to architectural design, precisely because it is necessarily imperfect.

This is shown by a series of small recent works, such as the two parks (Los Héroes and Colinas del Sol), located in Estado de México, where abstraction, the use of elementary geometries and materials, and the power of vision produce spaces open to the life that will flow through them, like the hundreds of children's parks designed by Aldo van Eyck in Amsterdam after 1948. And there is also the little residence for the Guzmán family, whose home was affected by the recent earthquake. Pardo has created for them an inclusive and resistant object, ready to be lived in and happily cannibalized by its users.

Architecture will not save the world, but it can certainly contribute to its being a more pleasant place, and the work of young architects like Pardo is one of those antibodies against the trivialization and loss of significance of the kinds of places we will need, in the coming decades, to help us imagine cities conceived on a human level.

Entre líneas e imágenes

Alejandro Hernández

1

Ninguna imagen dice más que mil palabras. De hecho, las imágenes no dicen nada. Pero muestran cosas, a veces muchas, y algo o mucho podemos decir de lo que muestran. Las imágenes de arquitectura no son distintas.

Se dice que la arquitectura no puede reducirse a imágenes, que la arquitectura es la experiencia del espacio y que, por tanto, implica al cuerpo y al tiempo. La arquitectura es una construcción tridimensional y por lo mismo—insisten quienes ven un problema en la profusión de imágenes arquitectónicas en publicaciones en papel y en la red— hay que recorrerla —vivirla, se dice con un tono *romántico* que sugiere una experiencia única, incompartible— para realmente entenderla. La reducción de la arquitectura a una imagen es vista casi como una falta, y grave. Pero ¿no hay ahí otra reducción, la de la arquitectura al edificio? Por supuesto, un edificio es más —y menos— que una imagen y mil palabras pueden decir más de un edificio que una sola imagen. Pero la arquitectura —o cierta arquitectura— es, también —más allá del edificio— discurso. Un *discurso* para el que la construcción de imágenes no ha sido poca cosa.

Hay imágenes producidas mediante el discurso, como en los relatos de viajes, única manera durante siglos para conocer algunas obras que se juzgaban valiosas. O las imágenes que en grabados acompañaban a tratados sobre los órdenes arquitectónicos y sus usos, gracias a las cuales ciertas normas compositivas se extendieron por todo el mundo para ser reimaginadas localmente. Después llegaron la fotografía, el cine y las imágenes de síntesis. Todas incapaces de mostrar el edificio entero, pero quizá con el potencial de mostrar algo distinto.

Véase por ejemplo una planta arquitectónica. Muestra algo que es imposible que veamos en un edificio terminado. En general, al visitar y recorrer un edificio no tenemos ninguna experiencia directa de lo que vemos y, en su caso, entendemos en una planta arquitectónica. La planta es un corte horizontal que nos revela, muchas veces desde antes de que el edificio esté construido, las relaciones de continuidad entre los distintos espacios que lo componen. Algunos espacios vecinos no se conectan de manera directa. Otros se abren de manera franca a los que los circundan. La planta es la huella del desplante del edificio —es lo que quiere decir, literalmente, el término griego para designar una planta: *icnografía*, marca de la huella. Marco Frascari dice que "un arquitecto puede proyectar las características de una construcción a partir de la huella del edificio, del modo que un cazador, conociendo por conjeturas, puede adivinar las características específicas del animal que acecha viendo sus huellas en el suelo." Frascari también dice que la *icnografía* no es un producto sino un proceso: una demostración, un procedimiento tecnológico que mediante rotaciones y traslaciones reguladas consigue la apropiada disposición de las partes de un edificio.

Según escribió John Berger, hay tres maneras distintas como funciona un dibujo. "Hay dibujos que estudian y cuestionan lo visible, otros que muestran y comunican ideas y aquellos que se hacen de memoria." Los dibujos de arquitectura pueden funcionar de esas tres maneras, en algunos casos combinadas. Estudian y cuestionan lo visible, pero también lo invisible. Frascari, de nuevo, dice que "los planos representan al edificio entero simplificando su realidad pero, al mismo tiempo, manifiestan una vista más completa de las partes interactuantes del edificio al mostrar más de lo que es visible." El dibujo arquitectónico, pues, explora y cuestiona lo visible e incluso lo que no puede ser visto normalmente. También se trata, evidentemente, de mecanismos para mostrar y comunicar ideas.

En tanto procedimiento y huella, el dibujo arquitectónico se hace de memoria, pero una curiosa forma de la memoria. No se trata, por supuesto, del recuerdo de un edificio específico anterior al dibujo, sino de la experiencia –propia y ajena– del espacio y de lo que la arquitectura, en tanto disciplina, plantea de eso: del espacio y de su experiencia, entre otras cosas. El arquitecto francés Jean Pierre Le Dantec cuenta una parte menos conocida del mito de Dédalo, arquitecto del laberinto. Para hacerlo –¿diseñarlo?–, dice, Dédalo reunió a siete doncellas en una explanada de tierra y las hizo bailar una danza ritual. Después rodeó con piedras el espacio de la danza, cuyos rastros habían quedado sobre la tierra. Ese es el secreto del laberinto. Si los griegos llamaban *choros* al espacio que contiene algo, habrá que pensar que toda *corografía* –toda descripción del espacio– supone una *coreografía*, de menos implícita en nuestro cuerpo. Y ahí la memoria. *Recuerda cuerpo* –sí, Kavafis pero también Proust que acosado por el insomnio va recordando, por la posición de sus miembros, en qué habitación se encuentra.

El dibujo y el dibujo arquitectónico, también, nunca son, pues, mera representación –si existe algo así como la *simple* representación– sino una operación compleja y en varios niveles. El papel del arquitecto como productor de esos dibujos tiene también distintos matices. Lo que para el arquitecto puede ser una operación *poética* –en el sentido literal, es decir: la *producción* de algo– y *técnica* –y aquí habría que rescatar el sentido griego de *techné* también como *producción*– puede estar cargada de más sentidos hacia afuera. El dibujo de un plano, como el de un mapa, es también un mecanismo de control cuyas implicaciones *políticas* –también en un sentido amplio– e incluso legales no pueden pasar desapercibidas. Como instrumento de control, el dibujo arquitectónico hace al arquitecto responsable de sus ideas. Alberto Pérez Gómez y Louise Pelletier escribieron que, "desde el origen de la arquitectura occidental en la Grecia clásica, el arquitecto no ha «hecho» edificios; más bien ha producido los artefactos mediadores que hacen que los edificios *significativos* sean posibles." Los dibujos son parte de esos artefactos mediadores –junto a las maquetas y, desde luego, los textos de arquitectos. Pero el que sean artefactos mediadores no quiere decir que sean simplemente medios para un fin. Al menos no para el arquitecto. Probablemente el dibujo no sea tampoco un fin en sí mismo, pero las operaciones que permite y exige lo colocan en una relación con lo construido que no es de mera representación. El plano, además de describir el procedimiento para concebir un proyecto, puede controlar aquél para construirlo. Entonces, los artefactos mediadores producidos por el arquitecto no sirven sólo, desde hace unos cinco siglos, para producir edificios significativos, sino que, al mismo tiempo, se inscriben en un entramado de prácticas y usos que rebasan tanto su condición de operaciones arquitectónicas como la de instructivos en la construcción de edificios. La arquitectura del dibujo arquitectónico implica, pues, una serie de capas y pliegues superpuestos que nos permiten afirmar que, cuando se dibuja, la arquitectura ya se está construyendo.

2

Uno de esos lugares comunes que al final no dice nada de tan obvio que resulta es aquél de que la arquitectura es la más pública de las artes pues nos rodea inevitablemente y siempre estamos expuestos a ella. Habría que volver primero a una pregunta clásica y cuestionar si todo lo construido a nuestro rededor es arquitectura, si toda la arquitectura es arte y si el mero hecho de estar ahí, frente a nosotros, la hace pública. Hoy no respondería sin ambigüedad a casi ninguna de esas preguntas. Tal vez no todo lo construido sea arquitectura —esa es de hecho una de las preguntas fundamentales que estructuran a la arquitectura, en tanto disciplina, hacia adentro como hacia afuera: ¿qué es lo que diferencia cualquier construcción de la arquitectura, si acaso dicha diferencia es cierta?—, ni toda la arquitectura es arte —y, de nuevo, esa no es sólo una pregunta difícil de responder sino tal vez ya inútil: el filósofo Xavier Rubert de Ventós escribió hace tiempo que la pregunta correcta ya no es qué es el arte o, en este caso, si la arquitectura lo es, sino cuándo algo es arte. En cuanto a lo de pública, habría que entender que lo público, en un sentido amplio, no es simplemente lo que está ahí, frente a nosotros, en la calle, y que tal vez, como ha explicado el antropólogo Manuel Delgado, el espacio público es una ficción o mera ideología.

De cualquier modo, decir que la arquitectura está ahí siempre para nosotros, como un juego magnífico y sabio de volúmenes bajo la luz del sol, sería como pensar que estar rodeados de volúmenes impresos y encuadernados es una experiencia literaria —y es más probable que, en principio, entrar a una biblioteca sea más una experiencia espacial y, por tanto, potencialmente arquitectónica, antes que literaria. La filósofa Sylviane Agacinski escribió un libro que lleva por título *Volumen, filosofías y políticas de la arquitectura*. La arquitectura, dice, es un volumen como el libro es un volumen en el sentido antiguo: un rollo que para leerlo hay que desplegarlo. "el movimiento de despliegue que implica la palabra 'volumen' sugiere la comparación entre la espacialidad del libro y el espaciamiento del texto que hay que desenrollar, recorrer, permitir que se desenvuelva poco a poco en el espacio-tiempo de la lectura (como de la escritura) y los volúmenes arquitectónicos que, ellos también, no se aprehenden más que en el tiempo del recorrido, recorrido de las miradas y de los cuerpos, que no se pueden contener ni apresar de un vistazo y que, necesariamente, hay que leer, atravesar, pasar de uno a otro."

Más allá de los tratados donde la arquitectura se organiza y regula mediante el texto y la imagen, de la manera como la arquitectura se da a conocer gracias también a textos e imágenes impresos, rebasando la aparentemente inevitable atadura a un sitio, y del final, anunciado por Víctor Hugo en *Nusetra Señora de París*, de la arquitectura como medio masivo de comunicación, al ser desplazada por el libro —que va mas lejos y es más ligero y perdurable, dijo–, hay que pensar esa relación del libro y la arquitectura como volúmenes que, si no se despliegan, si no se abren —lo que supone ponerlos en relación al tiempo— simplemente no son.

Al libro hay que leerlo, ¿y a la arquitectura? Una respuesta acaso demasiado evidente dirá que la arquitectura se habita. Unos más dirán que se recorre, como recorres las páginas de un libro. Tal vez se reconstruya imaginariamente. Tal vez, como con cualquier tipo de experiencia que se entrega a su tiempo, nuestra tarea consiste en reunir mediante un ejercicio de la imaginación —de imágenes, pues— los distintos datos, las distintas secuencias, las diferentes historias que se van entretejiendo, sea en el edificio o en el libro.

3

Hace unos años tuve la oportunidad de editar un libro sobre el edificio proyectado por Francisco Pardo y Julio Amezcua en el número 7 de la calle de Lisboa, en la Ciudad de México. Con textos, dibujos e imágenes buscamos acercarnos al edificio desde varios flancos, desde distintos intereses y desde escalas diferentes. Ahora Francisco nos presenta en este libro imágenes y dibujos de otros proyectos que se suman a aquel. Sabiendo que la atención al sitio, al proceso, a la comprensión de las condiciones y las normas que determinan o hacen posible ciertas formas es parte del trabajo de Pardo, resulta interesante la decisión de no mostrar todo eso en este libro. No se trata, como en el anterior, de exponer la arquitectura mediante discursos y medios que se traslapan, sino de seguir una serie de imágenes, dibujos y fotografías de proyectos distintos atendiendo lo que quizá no sea más que una sugerencia a entender los modos, más que los métodos. En la introducción a aquél otro libro escribí que el proyecto arquitectónico no es más que un pretexto, porque invita y obliga a la reunión de muchos factores que, antes del proyecto mismo, ya existían pero de otro modo. Y añadía que un proyecto se puede entender, por tanto, más como modos que como sustancias: modalidades o modificaciones de otras cosas, de otras ideas y, por tanto, en cierta medida como accidentes, aunque otras veces también son modas o maneras, corriendo el riesgo de caer en algún manierismo, sin que haya que ver eso necesariamente como una falla. Podría también decirse que cada proyecto está siempre en algún punto entre dos extremos: el modelo y la modulación. Los proyectos que aquí se muestran, con imágenes y dibujos que no buscan resumirlos, pueden entenderse, sobre todo en el continuo que nos lleva a veces sutilmente de uno a otro, como distintos modos de acercarse a la *imagen* de una práctica que nos invita, así en el doble sentido, a discurrir.

Amidst Lines and Images

Alejandro Hernández

1

No image says more than a thousand words. Indeed, images say nothing at all. But they show things, sometimes many things, and we can say something or a lot about what they show. Images of architecture are no different.

It is said that architecture cannot be reduced to images; that architecture is the experience of space, and therefore necessarily involves a body and time. Architecture is a three-dimensional construction and therefore (insist those who see a problem in the profusion of architectural images in print and on the web) it must be visited –must be "lived," as it is said, with a hint of romance that suggests a unique, incommunicable experience– in order really to be understood. The reduction of architecture to an image is seen almost as a fault, and a serious one. But isn't there another reduction here, that of architecture to a building? Of course, a building is more –and less– than an image, and a thousand words can say more about a building than a single image. But architecture, or at least some architecture, is also –apart from a building– a discourse. A discourse in which the construction of images has played no little part.

There are images produced through discourse, as in travelers' accounts: the only way, for centuries, of knowing anything about certain works considered valuable. Or the engraved images contained in treatises on the architectural orders and their uses, thanks to which certain compositional norms spread around the world, only to be reimagined in different local contexts. Later came photography, motion pictures, and synthetic images. All have been incapable of showing a building in its entirety, but perhaps with the potential to show something different.

Take, for example, an architectural plan. It shows something it would be impossible to see in a finished building. In general, when we visit and walk through a building, we have no direct experience of what we see on, and perhaps understand from, an architectural plan. The plan is a horizontal section that reveals to us, often even before the building is constructed, the relations of continuity among the different spaces of which it is composed. Certain neighboring spaces need not be directly connected. Others open frankly onto those surrounding them. The plan is the "footprint" of the building, which is what the Greek term for a ground plan –ichnography– literally signifies: the delineation of a trace. Marco Frascari says that "architects can project the characteristics of a construction from the footprint of a building, as hunters, using conjectural knowledge, can identity their prey from its tracks." Frascari has also written that the ichnography is not a product but a process: a demonstration, a technological procedure which, by means of regulated shifts and rotations, achieves the appropriate arrangement of the parts of a building.

According to John Berger, a drawing can function in three different ways: "There are [drawings] which study and question the visible, those which put down and communicate ideas, and those done from memory." Architectural drawings can function in all three of these ways, including combinations thereof. They study and question the visible, but also the invisible. Frascari, again, writes that "the lines [describing a plan] present an entire building by simplifying its reality, but at the same time, they manifest an uncut view of the building's interacting parts by showing more of what is visible in the built reality." The architectural drawing therefore explores and questions the visible and even what cannot normally be seen. But drawings are also, obviously, mechanisms to show and communicate ideas.

As procedure and footprint, the architectural drawing is made of memory, but a curious kind of memory. It is not a matter, of course, of the memory of a specific building previous to the drawing, but of the experience —one's own and that of others— of the space and of what architecture, as a discipline, can make of all that: of the space and of its experience, among other things. The French architect Jean-Pierre Le Dantec recounts a lesser-known part of the myth of Daedalus, the architect of the labyrinth. In order to make it —to design it?—, he says, Daedalus brought together seven maidens on an earthen esplanade and had them dance a ritual dance. Then he surrounded with stones the site of the dance, the traces of which had remained on the ground. That is the secret of the labyrinth. If the Greeks called the space that contains something a ***choros***, it would follow that every chorography —every description of a place— presupposes a choreography, at least implicitly in our bodies. Hence memory. It recalls corporality: Cavafy, yes, but also the insomniac Proust, who recalled, by the position of his limbs in sleep, the room in which he found himself.

Nor then are drawing and architectural drawing ever mere representation —if indeed simple representation exists at all—, but rather a complex, multileveled operation. The role of the architect as a producer of these drawings also has different nuances. What for the architect may be a *poetic* (in the literal sense of *poēsis*, that is, the making of something) and a *technical* operation (recalling here too the Greek sense of *techné* as production) can still be charged with other meanings when looking outward. The drawing of a plan, like that of a map, is also a mechanism of control, whose political (also in the broadest sense) and even legal implications cannot go unnoticed. Alberto Pérez Gómez and Louise Pelletier have written that "since the inception of Western architecture in classical Greece, the architect has not 'made' buildings; rather, he or she has made the mediating artifacts that make *significant* buildings possible." Drawings are a part of these mediating artifacts, along with scale models and, of course, the texts written by architects. But the fact that they are mediating artifacts does not mean they are simply means to an end. At least not for the architect. Nor probably is the drawing an end in itself, but the operations it allows and demands place it in a relationship with a finished construction that is not mere representation. The plan, in addition to describing the procedure for conceiving a project, can also control that procedure in constructing it. So the mediating artifacts produced by the architect have not only served, for five centuries now, to produce significant buildings, but are inscribed at the same time within a framework of practices and usages that go beyond both their condition as architectural operations and as instructions for the construction of buildings. The architecture of the architectural drawing implies, therefore, a series of folds and superposed layers that allow us to affirm that, when one starts drawing, architecture is already being built.

2

One of those commonplaces that end up saying nothing at all —because what they say is so obvious— is the one about architecture being the most public of the arts, because it inevitably surrounds us and we are always exposed to it. It is necessary to return first to a classical question and ask whether everything constructed around us is architecture, whether all architecture is art, and whether the mere fact of its being there, in front of us, makes it public. I would not respond unambiguously today to almost any of these questions. Perhaps not everything constructed is architecture, but this is in fact one of the fundamental questions that structure architecture, as a discipline, whether viewed from within or from without: what is it that differentiates just any construction from architecture, if such a difference exists? Nor is all architecture art, but again, this is not simply a difficult question to answer, but perhaps even a useless one to ask: the philosopher Xavier Rubert de Ventós wrote years ago that the correct question is not "What is art?" or whether architecture is art, but rather "When is something art?" As for the public nature of architecture, it must be understood that what is public, in the broad sense, is not simply what is there, in front of us, in the street, and that perhaps, as the anthropologist Manuel Delgado has explained, public space is a fiction or mere ideology.

In any case, to say that architecture is always there for us, like a masterly, correct and magnificent play of volumes brought together in light, would be like thinking that being surrounded by printed and bound volumes is a literary experience. Indeed, it is more than probable that, in principle, entering a library is more a spatial —and therefore potentially an architectural— experience than a literary one. The philosopher Sylviane Agacinski has written a book entitled *Volume: Philosophies et politiques de l'architecture*. Architecture, she says, is a volume like a book is a volume, in the ancient sense: a roll that is read as it is unrolled. "The movement of unrolling implied by the word 'volume' suggests a comparison between the spatiality of the book and the spacing of the text that it is necessary to unroll, to move through, to allow to unfold, little by little, in the space-time of reading (as of writing) and the architectural volumes which can themselves only be apprehended in the time it takes to move through them, with a gaze and with a body, and which cannot be contained or captured in a glance, but which must be read, crossed, moved through from one end to the other."

Beyond the treatises in which architecture is organized and regulated by text and image, beyond the ways in which architecture is also presented through printed texts and images, surpassing the apparently insurmountable limits of a site, and beyond the end of architecture, announced by Victor Hugo in *Notre-Dame de Paris*, as a mass communications medium, since books have displaced it (because, he said, they are lighter and more lasting and go farther), it is necessary to rethink this relationship between architecture and books as *volumes* which, if they do not unfold in time, if they do not open (which implies putting them into relation with time), simply do not exist as such.

A book is meant to be read. And architecture? An all too obvious response will have it that architecture is meant to be lived in. Others will say it can be moved through as one moves through the pages of a book. Perhaps it can be reconstructed in the imagination. Perhaps, as with any kind of experience involved in its own time, our task consists of gathering, by means of an exercise of the imagination —of images, therefore— the different data, the different sequences, the different stories being intertwined, whether in a building or in a book.

3

A few years ago I was given the opportunity to edit a book about the building designed by Francisco Pardo and Julio Amezcua at Calle de Lisboa no. 7 in Mexico City. Through texts, drawings, and images, we sought to approach the building from various angles, by way of different interests, and on different scales. Now Francisco offers us in this book a variety of images and drawings of other projects that can be joined to that one. Given that an attention to the site, to the process, to an understanding of the conditions and norms that determine or make possible certain forms is part of Pardo's work, it is interesting that he has decided not to show all that in this book. It is not a question, as in the former case, of presenting the architecture through overlapping discourses and media, but rather to follow a series of images, drawings, and photographs of various projects, focusing on what is perhaps no more than a suggestion to pay attention to the modes, more than to the methods. In the introduction to the former book I wrote that the architectural project is no more than a pretext, because it invites and indeed requires us to bring together many factors which, before the project itself, already existed, but in another way. And I added that a project can therefore be understood more as modes than as substances: modalities or modifications of other things, of other ideas, and therefore, in a way, as accidents, albeit sometimes these are also fashions or manners, with the attendant risk of falling into sort some of mannerism, though this need not necessarily be seen as a defect. It might also be said that each project is always at some point between two extremes: the model and the modulation. The projects presented here, with images and drawings that do not seek to sum them up, can be understood above all on a continuum that leads us subtly at times from one to another, as different ways of approaching the image of a practice which invites us, in the dual sense of the word, to discourse.

Gabriel Mancera

gm1607

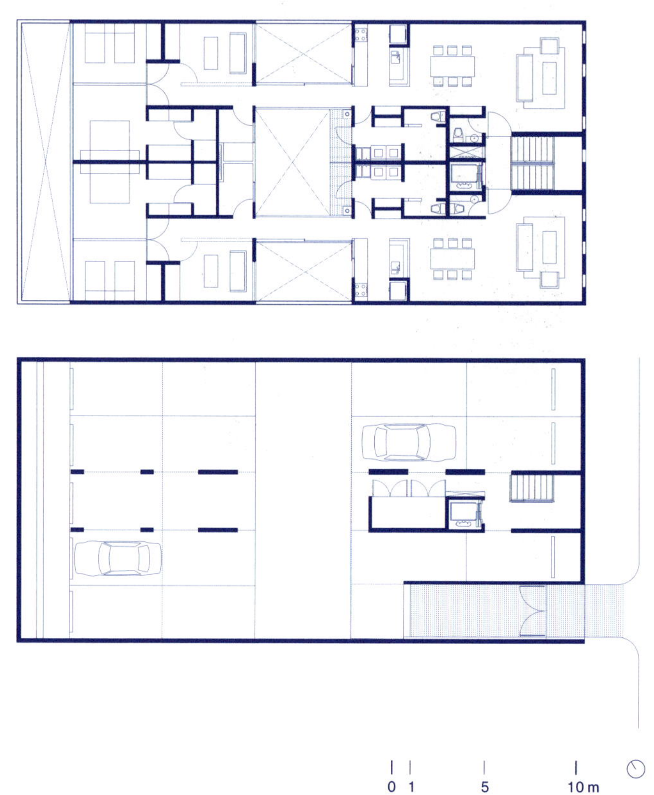
0 1 5 10 m

402

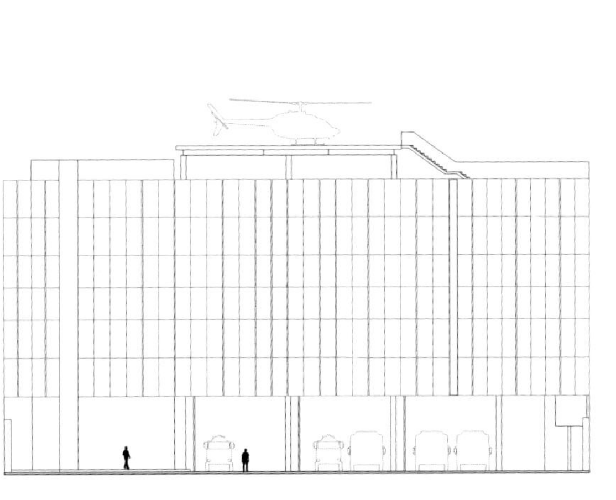

Estación de Bomberos “Ave Fénix”

AZTECA

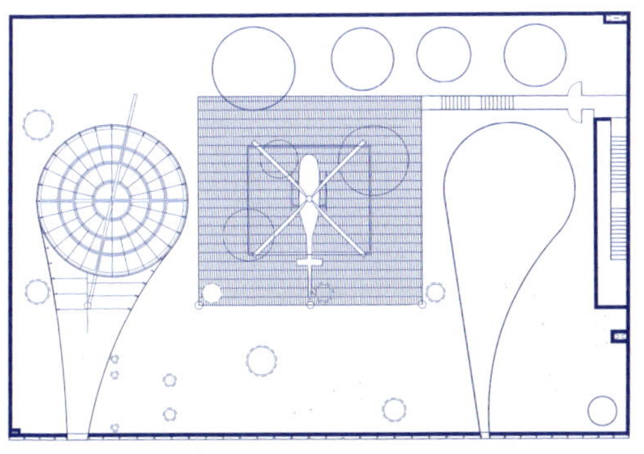

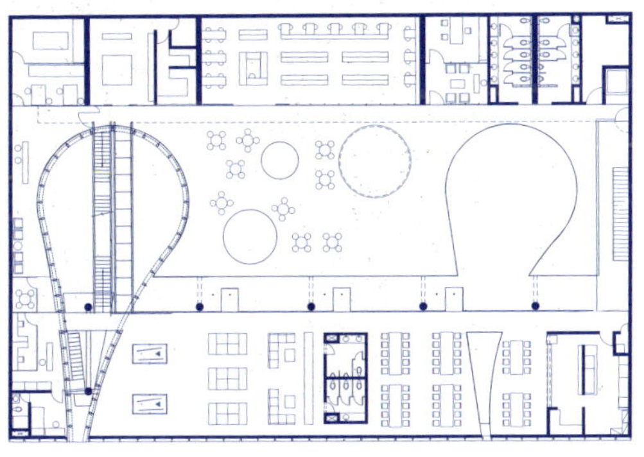

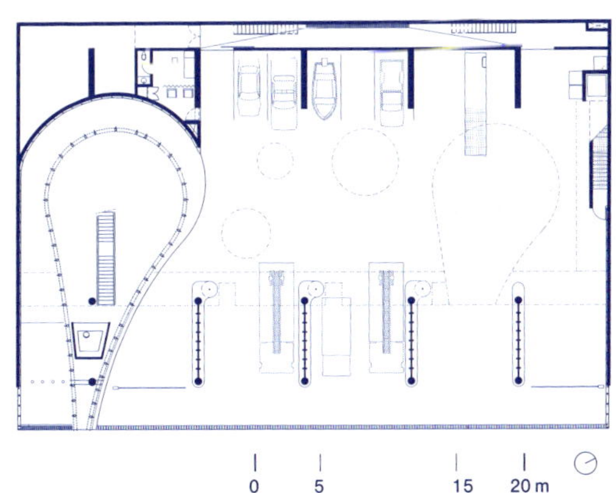
0
5
15
20 m

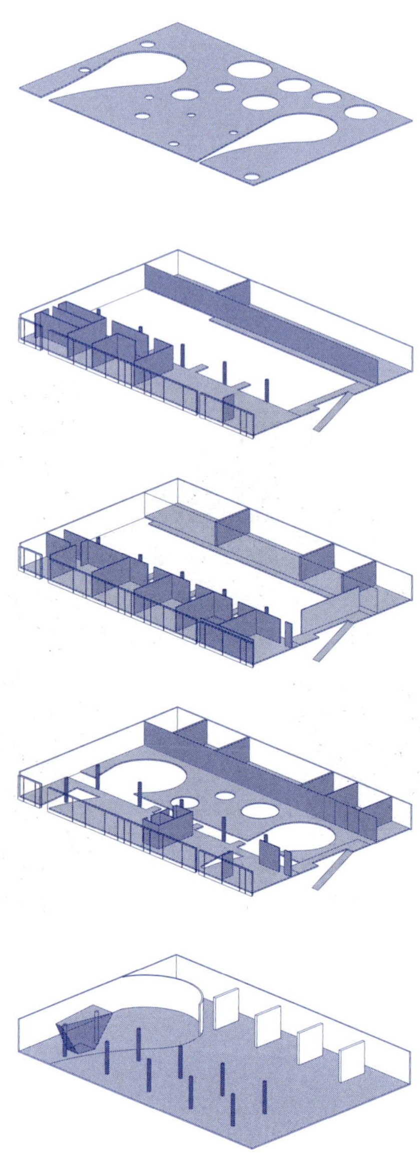

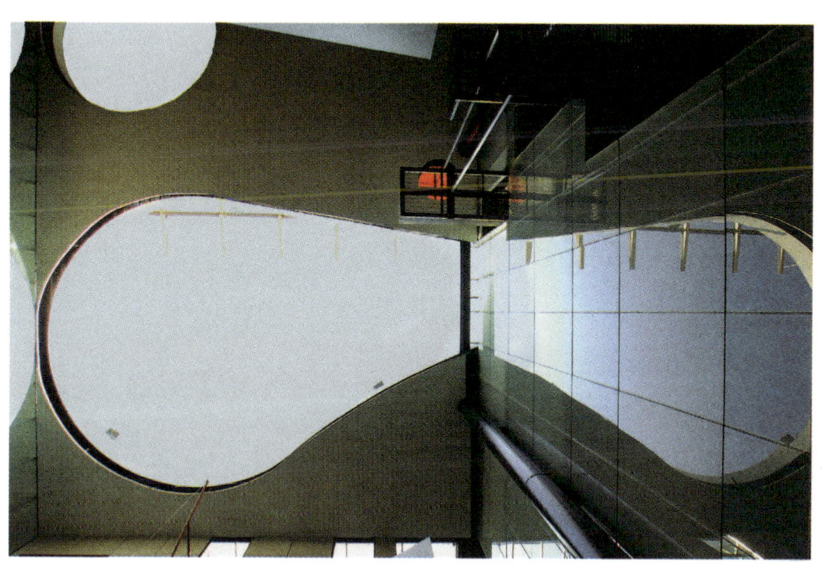

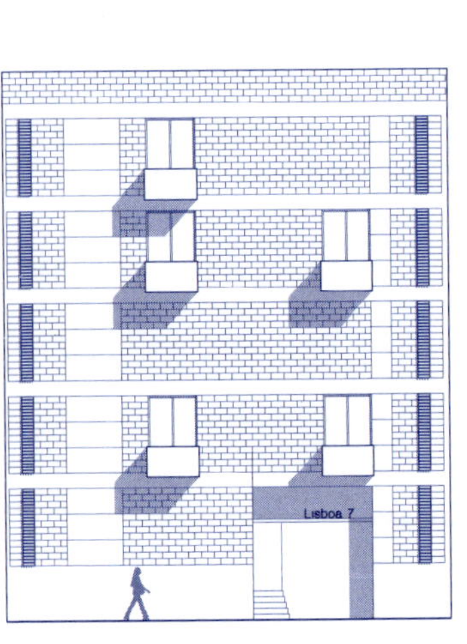
Lisboa 7

Lisboa 7

Lisbo
NO
ESTACION

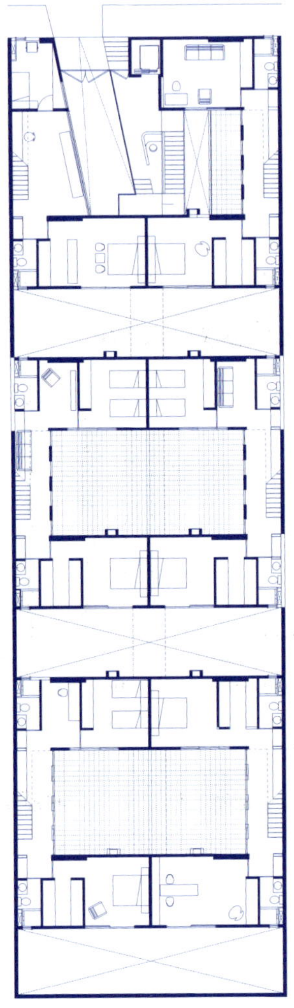

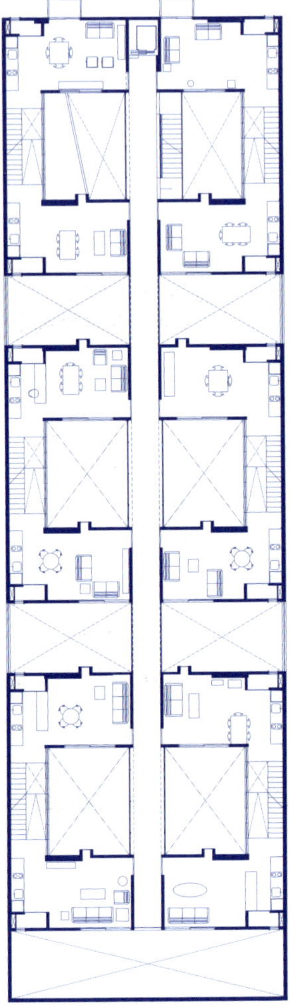

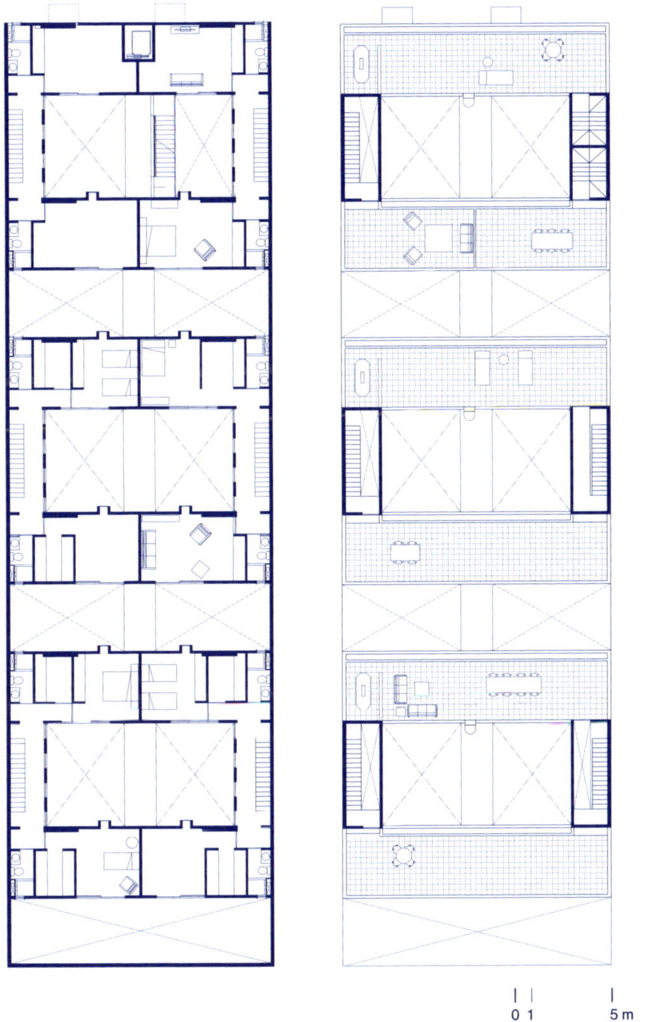
0 1
5 m

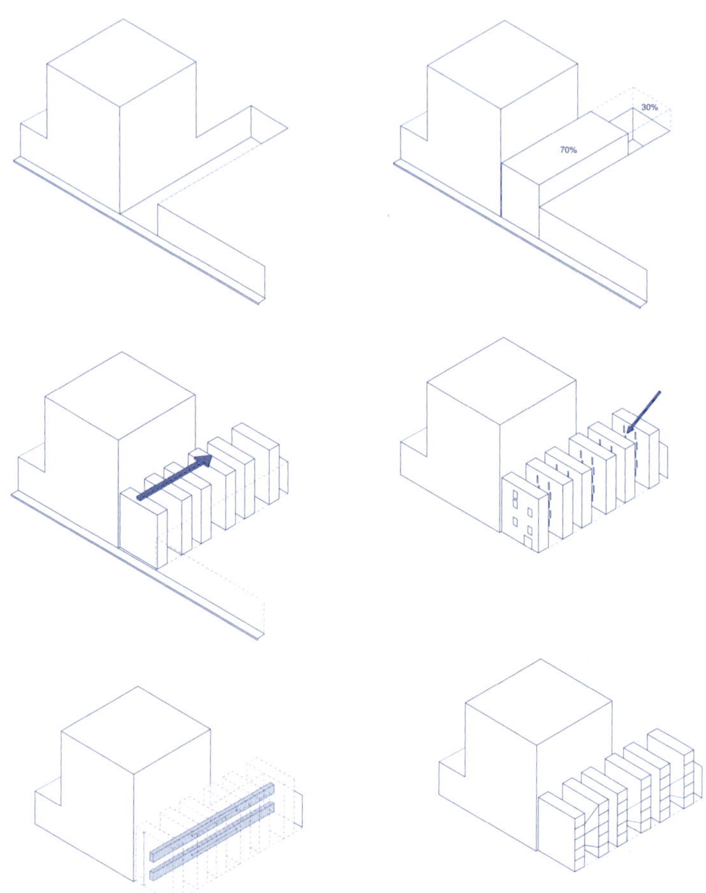
30%
70%

www.lisboa7.com.mx

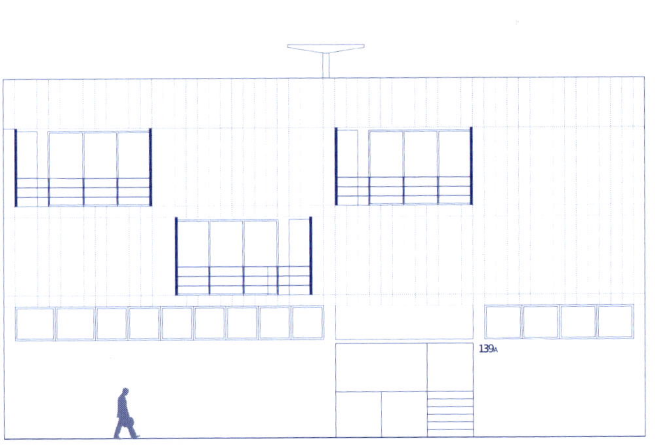
139A

Tecamachalco

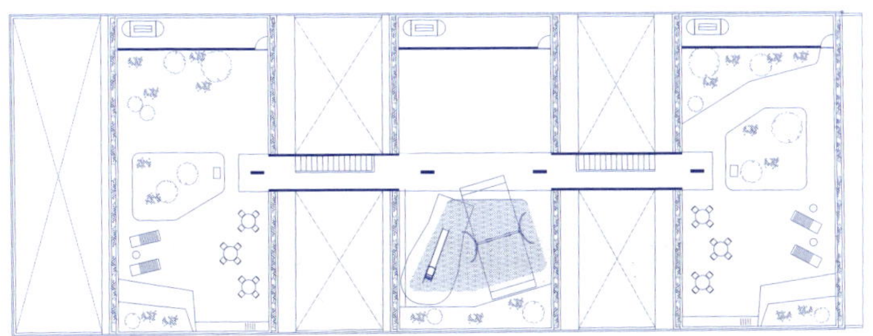

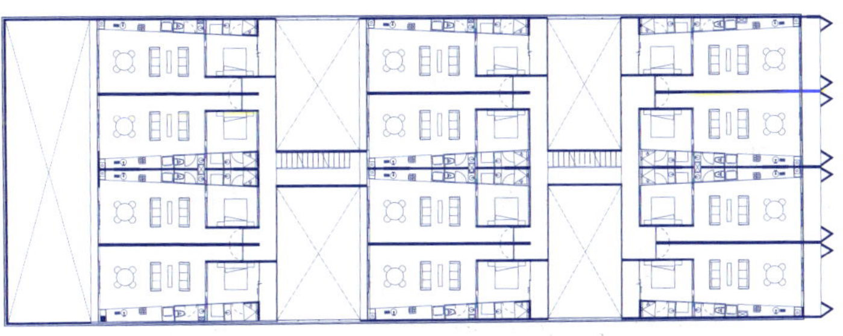

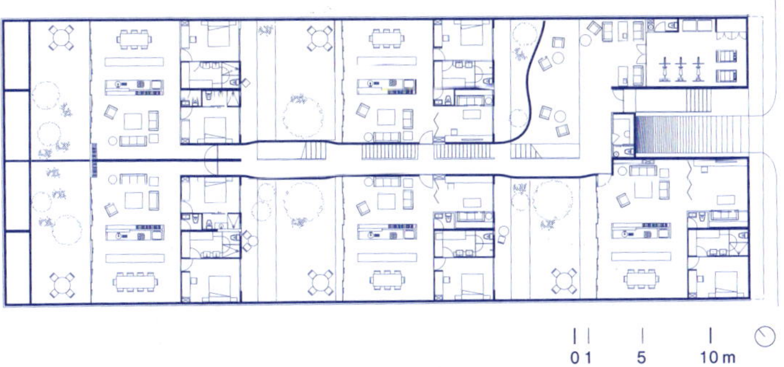
0 1 5 10 m

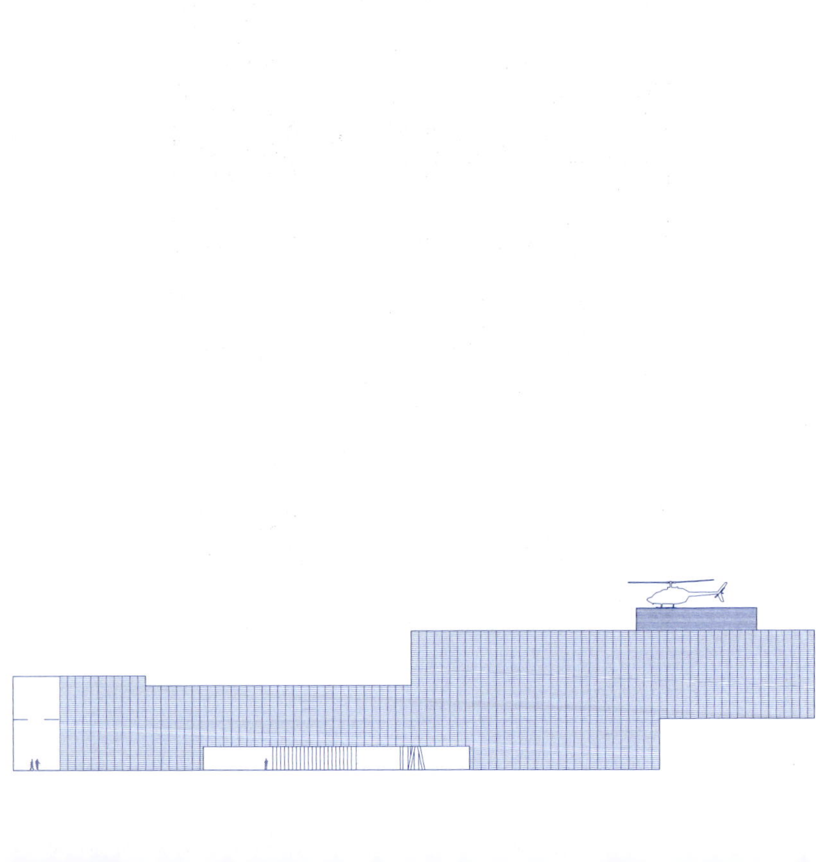

Foros Azteca

2
3

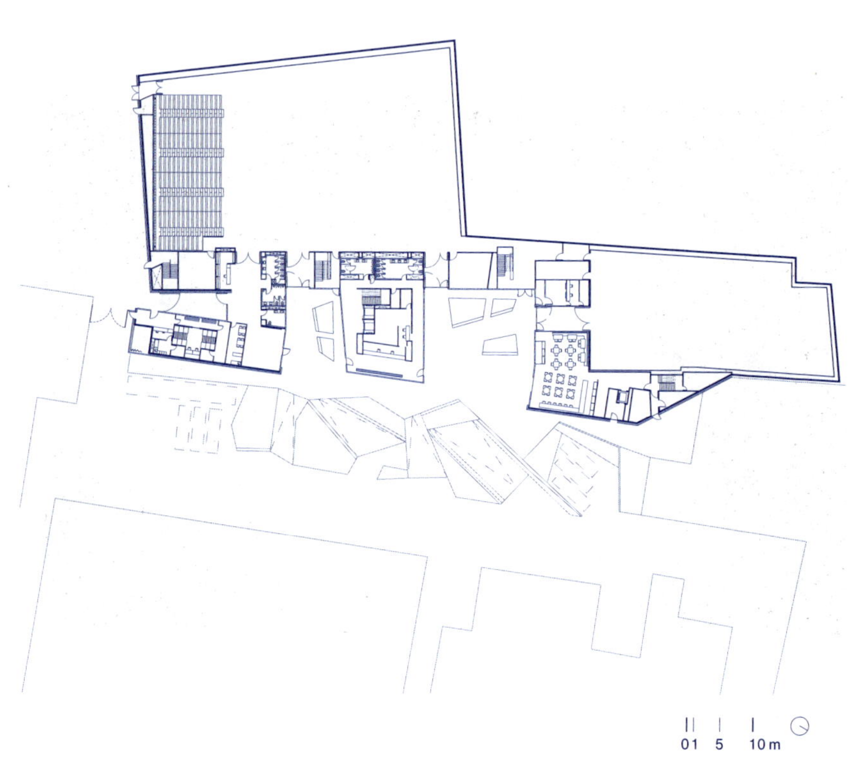

0 1 5 10 m

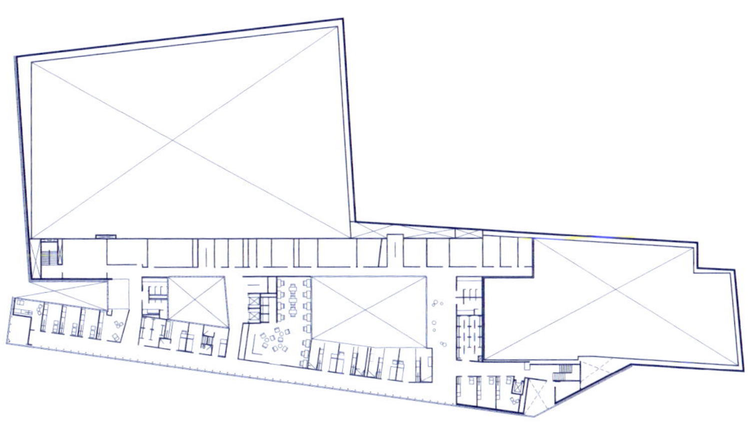

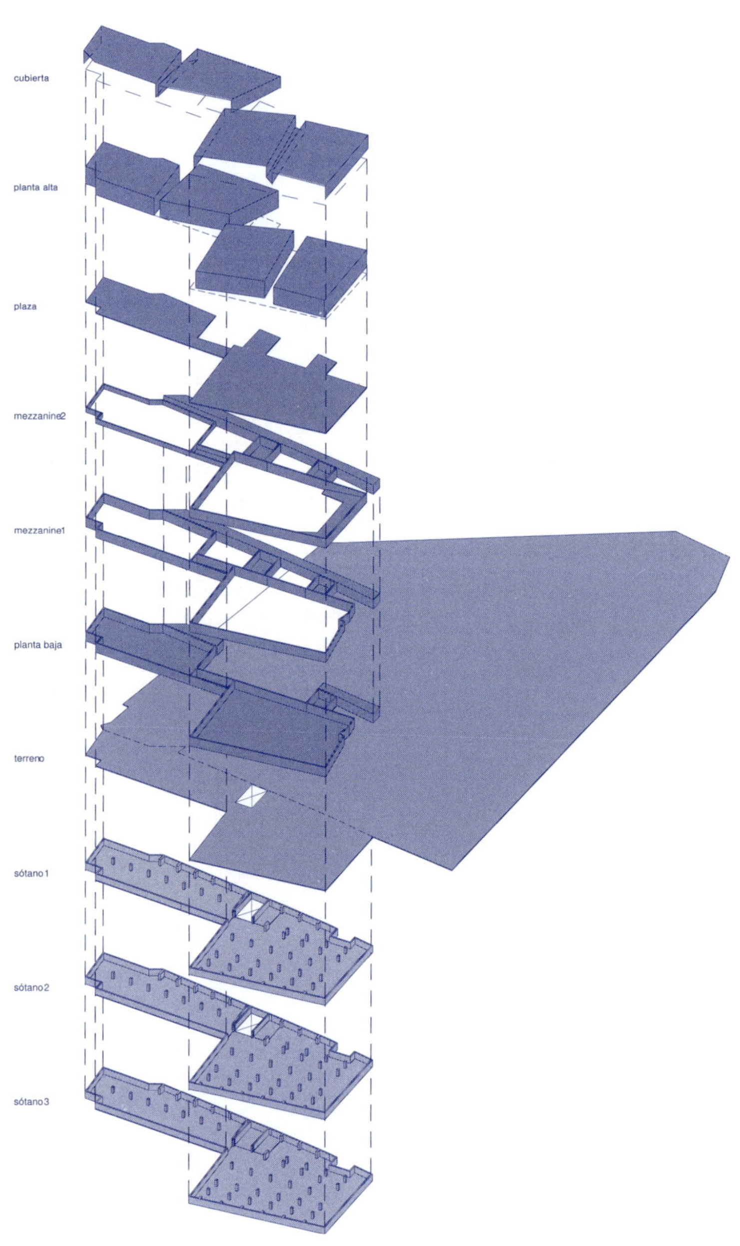
cubierta
planta alta
plaza
mezzanine2
mezzanine1
planta baja
terreno
sótano 1
sótano 2
sótano 3

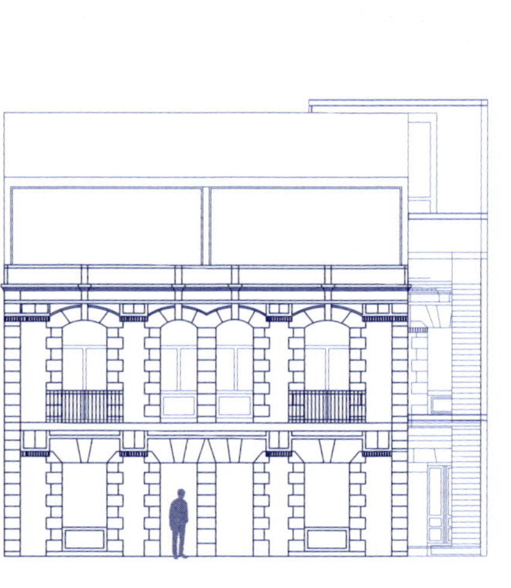

SUITES

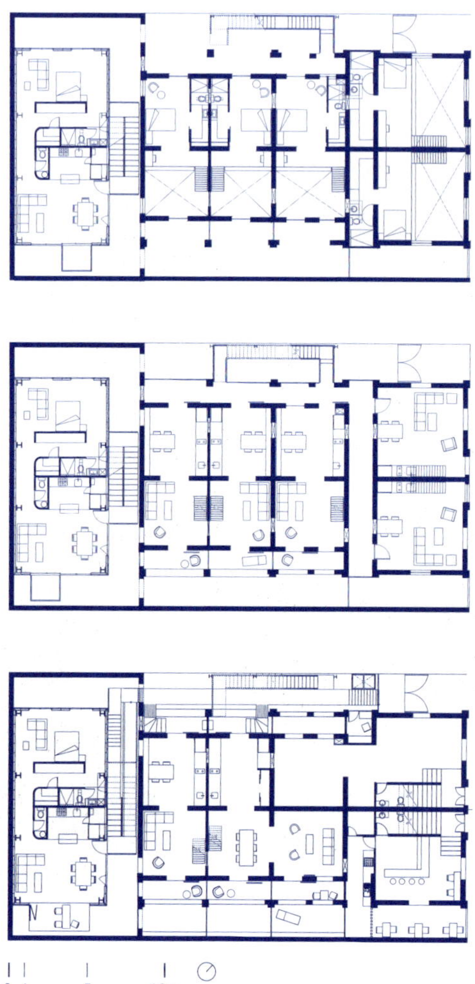
0 1 5 10 m

H77
3N
2N

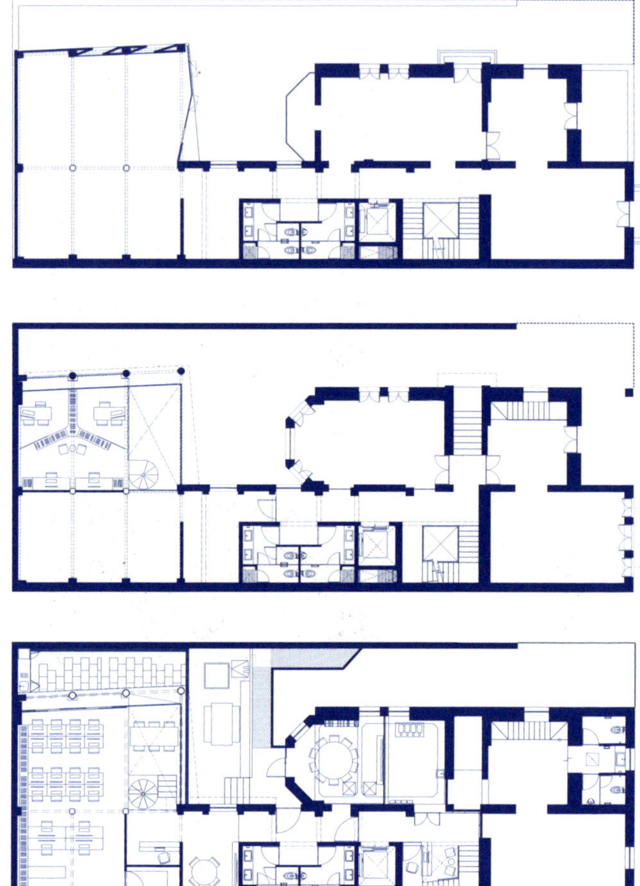
0 1 5m

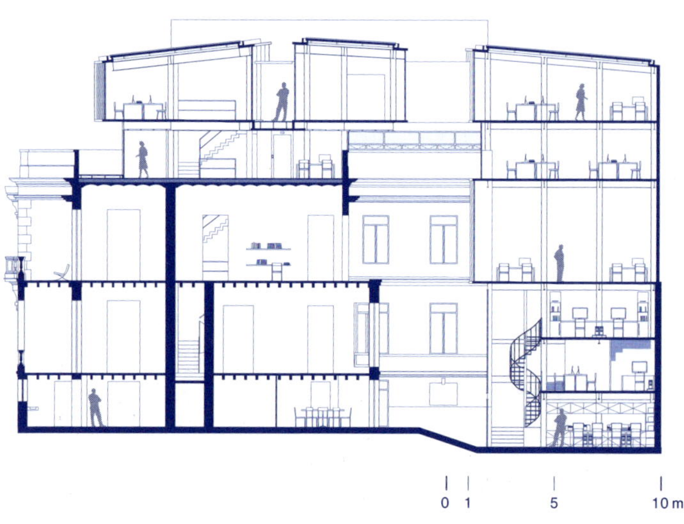
0
1
5
10 m

Centro de Cultura Digital

A PARTIR DE MAÑANA, TODO

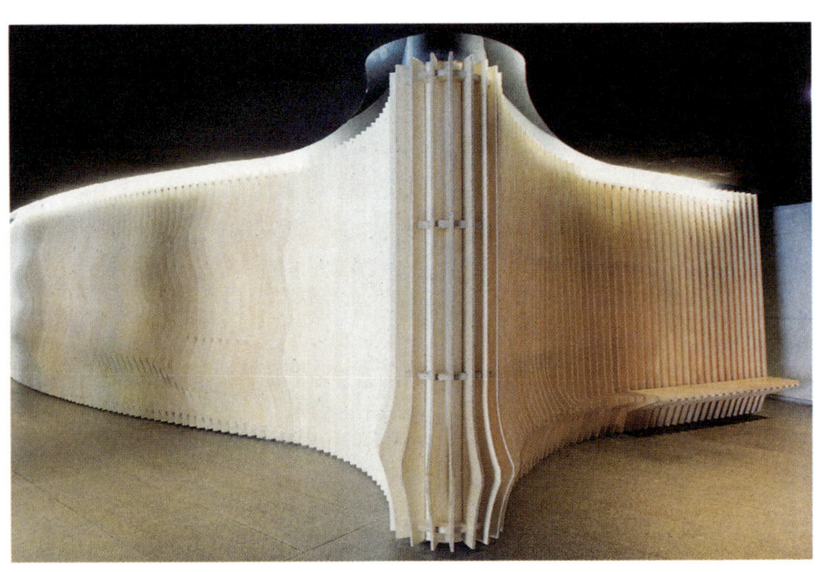

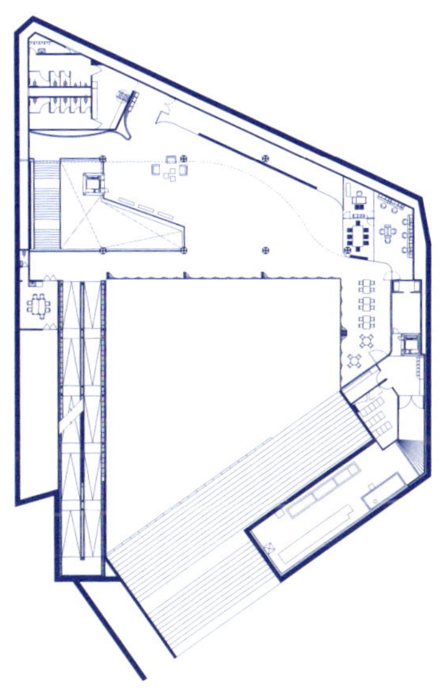

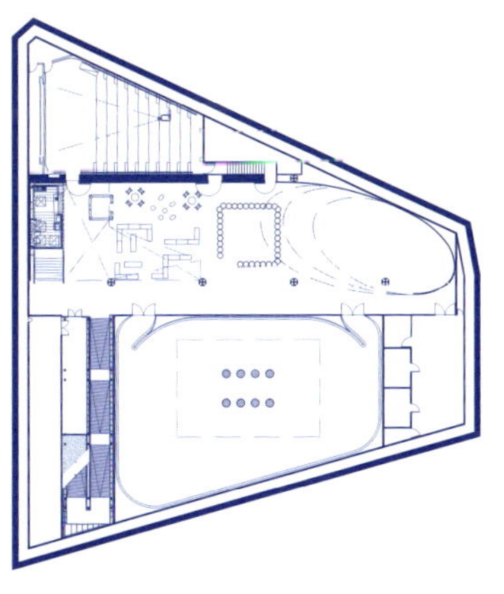

0 1 5 10 m

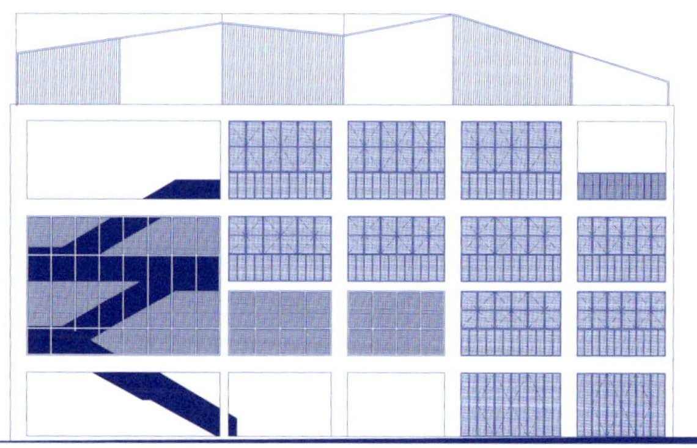

Auto Electrica Casso S.A. de C.V.
ACCESORIOS
• CALAVERAS • MICAS • PLAFONES • FOCOS
• ACEITE • BANDAS • FUSIBLES • SOCKETS
44
AUTO ELECTRICA CASSO S.A. DE C.V.
PARTES ELECTRICAS PARA
AUTO ELECTRICA

MILÁN 44

BARRIO·ABARROTES

COMERCIOS
YOGA
OFICINAS
2

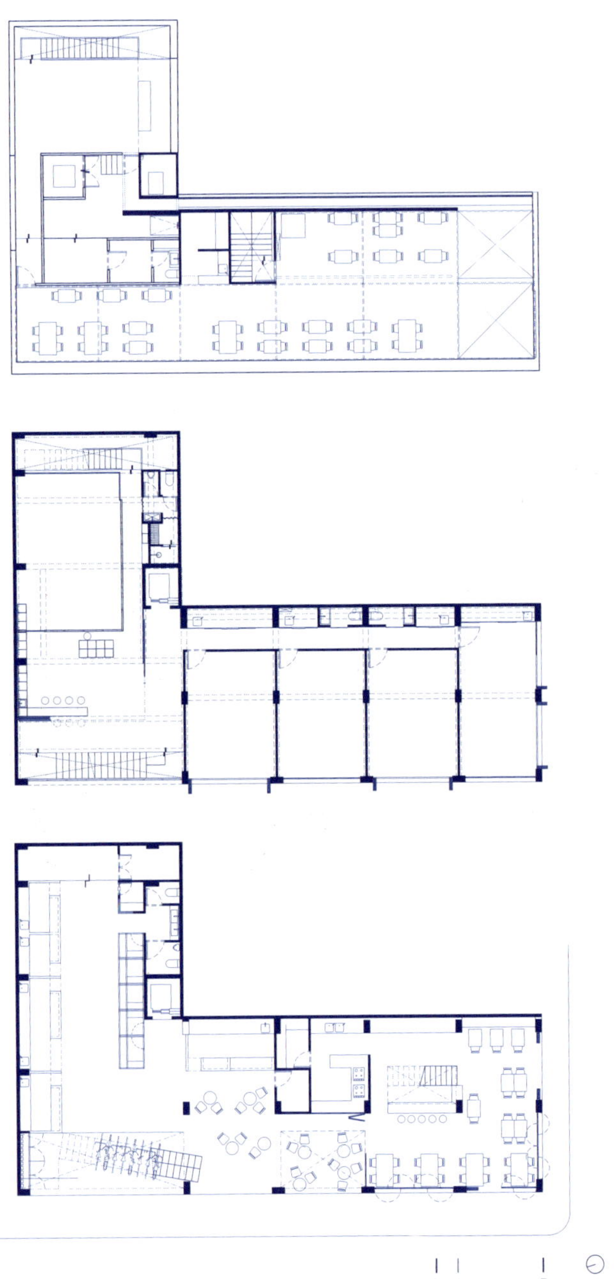
0 1 5 m

白壁蔵
白壁蔵

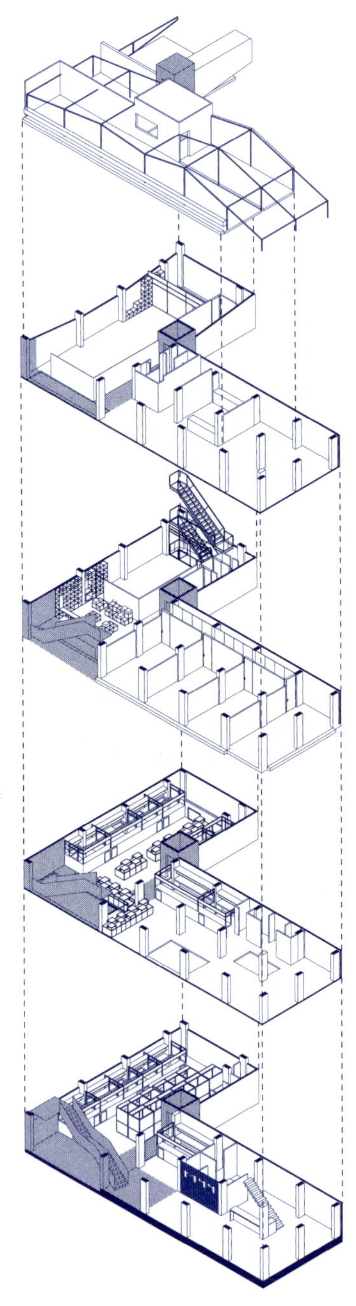

BARRIO·ABARROTES

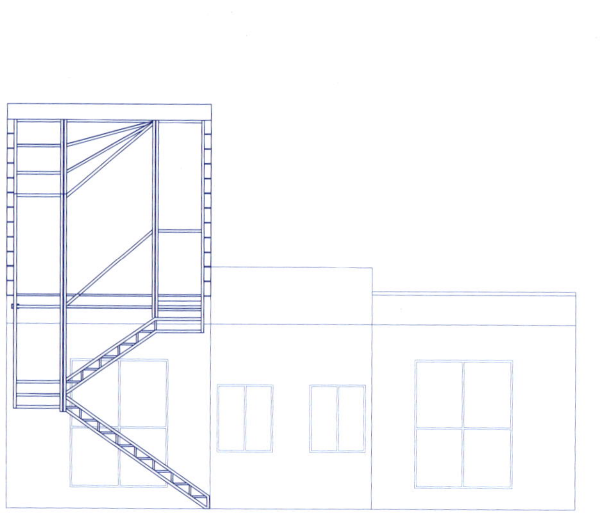

Un cuarto más

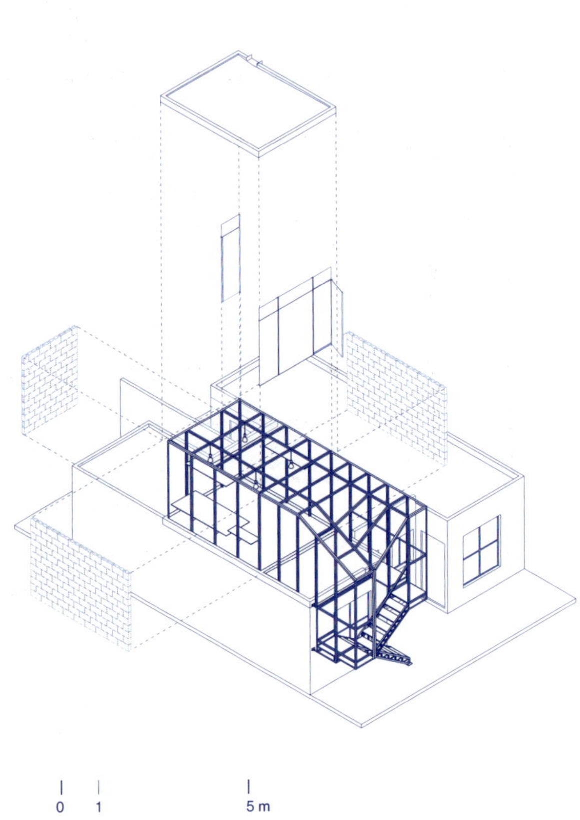
0
1
5 m

Parque Héroes

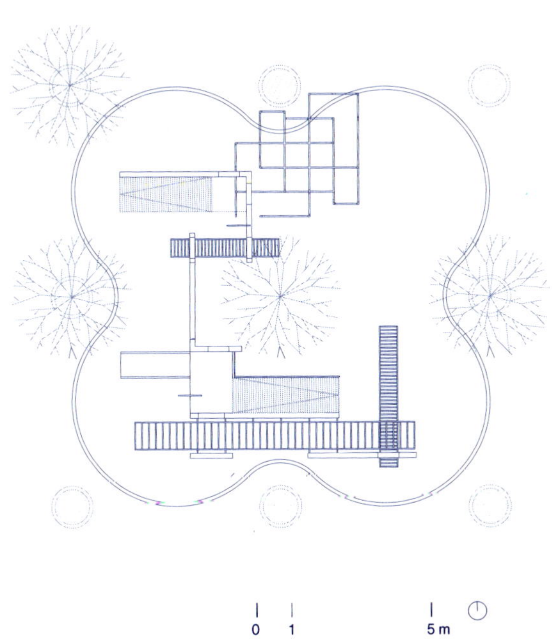
0
1
5 m

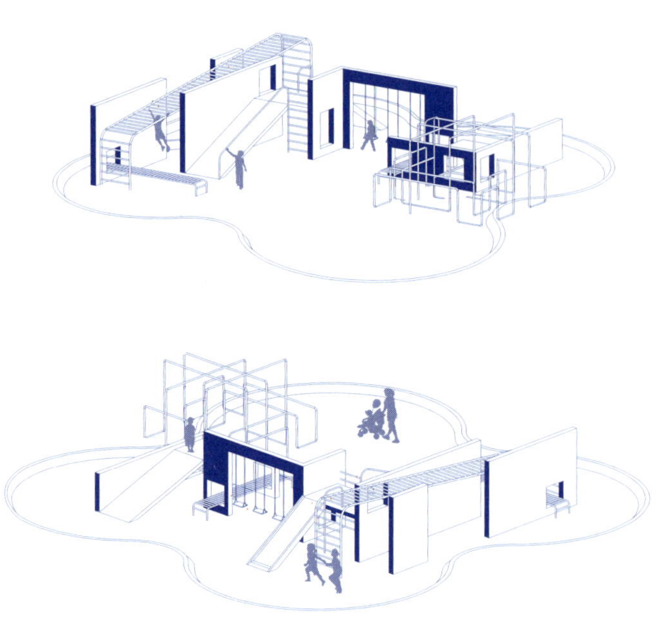

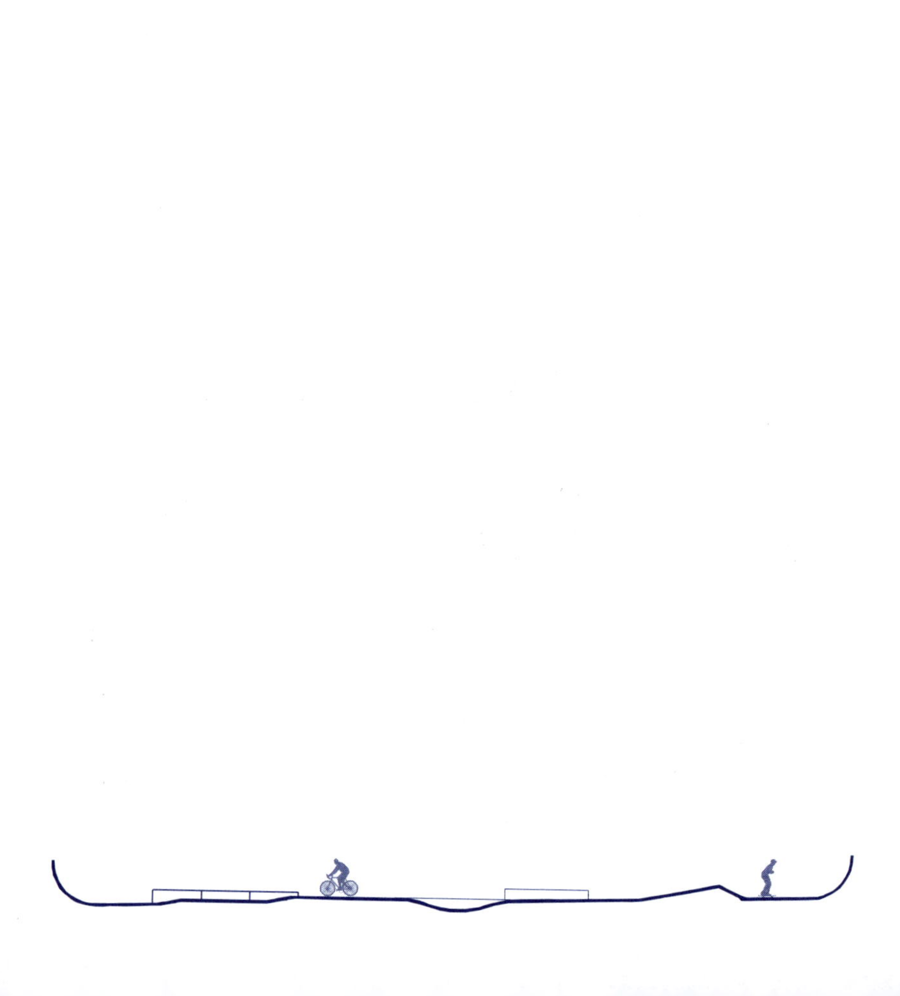

Parque Colinas

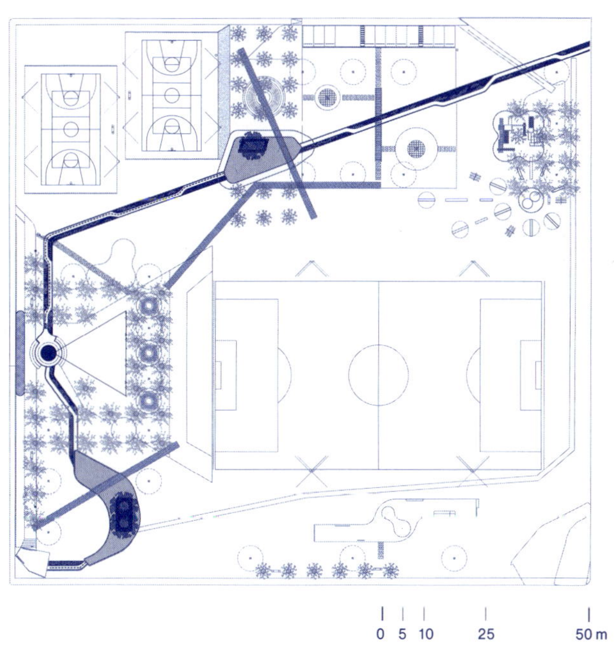
0 5 10 25 50 m

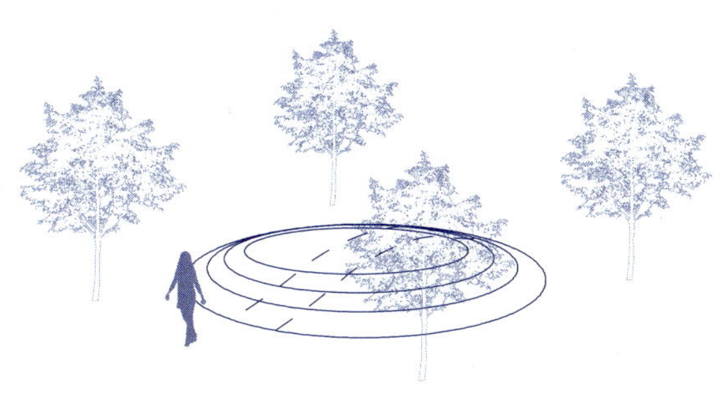

0 1 5m

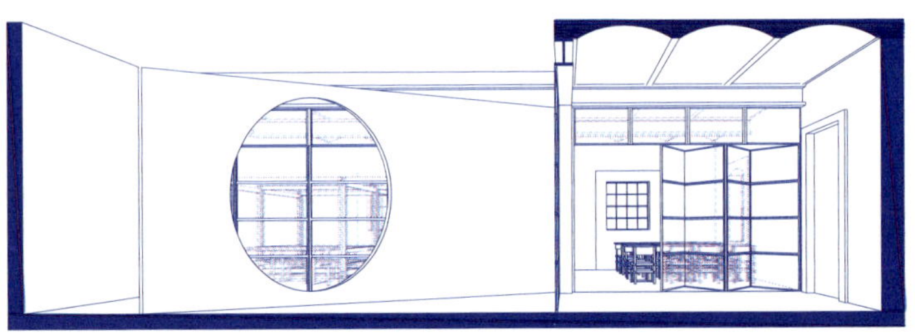

Kura

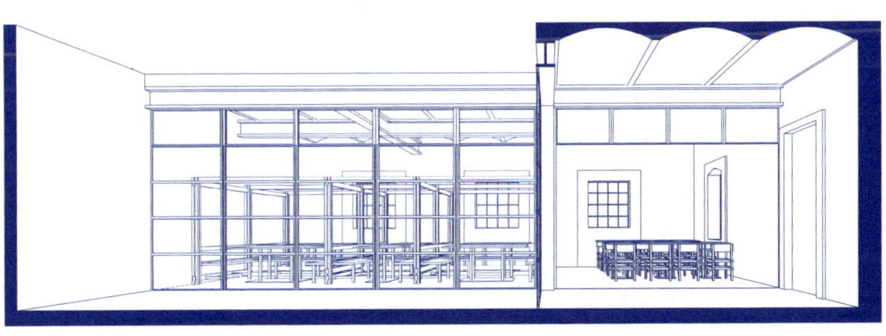

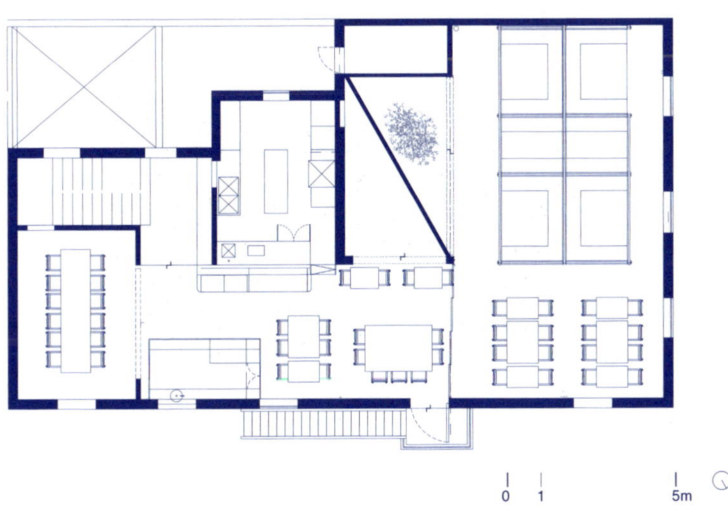
0
1
5m

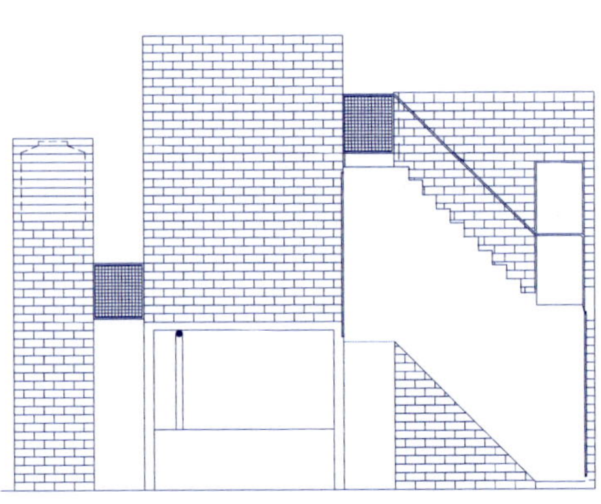

Ocuilan

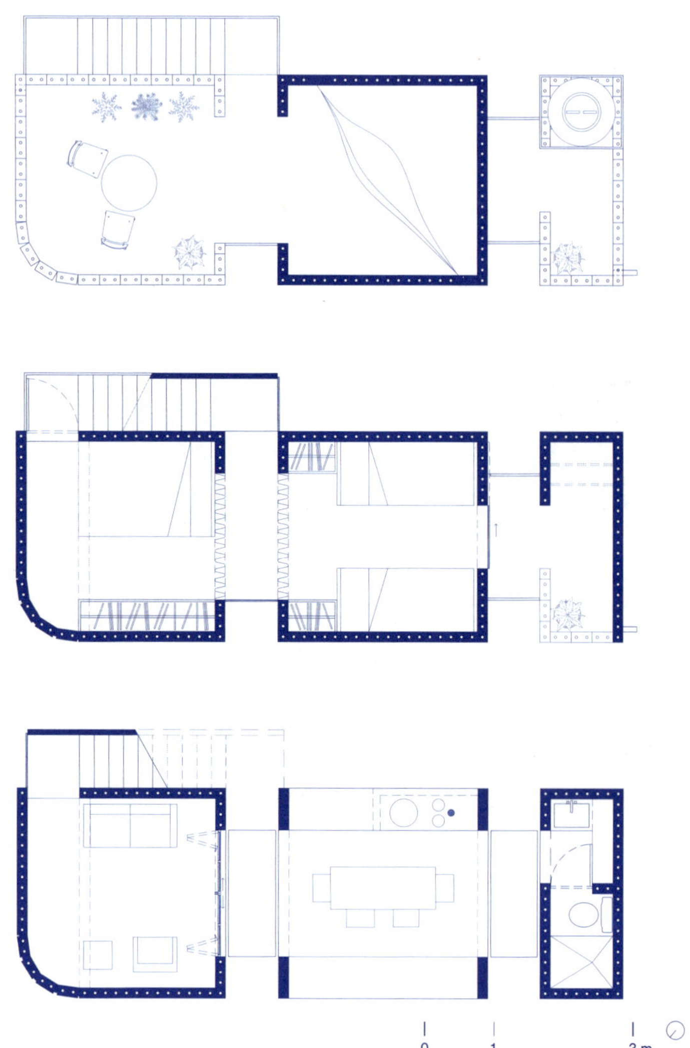
0
1
3 m

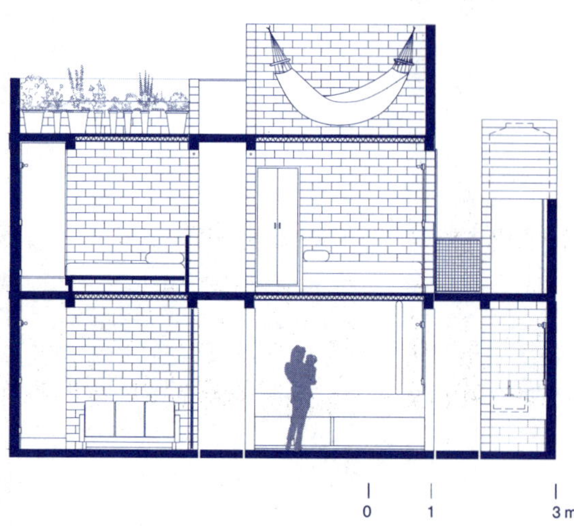
0
1
3 m

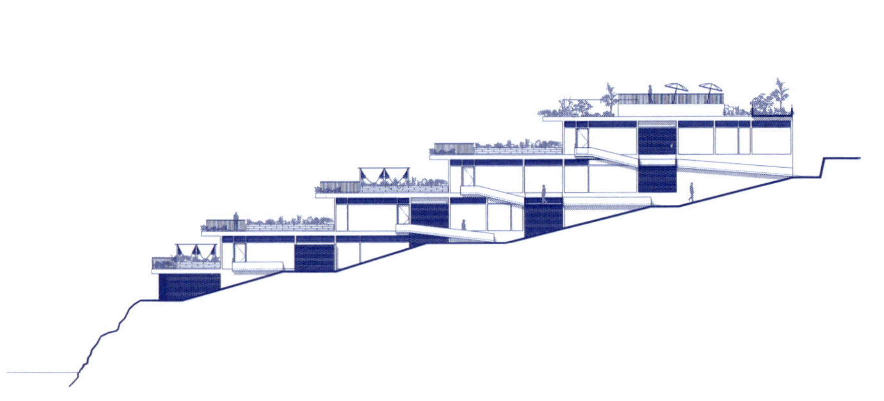

Puerto Escondido

0
5
10
25 m

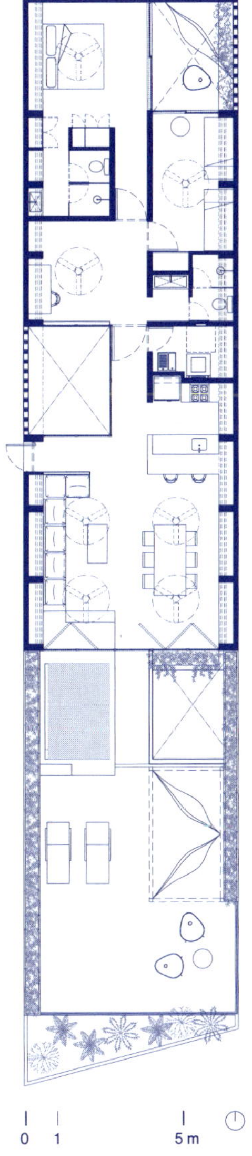
0
1
5 m

Gabriel Mancera
Ciudad de México
2004
1,400 m²

Francisco Pardo
Julio Amezcua

Equipo: Jorge Domínguez, Diana Vázquez, Tiberio Wallentin

En un predio de 12 metros de frente por 25 de fondo se proyectaron ocho departamentos, dos por cada planta, en sentido longitudinal e interrumpidos por tres vacíos: el cubo central para servicios y dos laterales para terrazas cubiertas que funcionan como filtro entre lo público y lo privado.

El acceso al edificio es a través de una booleana de textura lisa que contrasta con la rugosidad de la fachada –que resguarda el espacio habitable de una avenida muy transitada– hecha de concreto aparente y colada con huacales de 60 × 90 cm en la que aparecen perforaciones aleatorias a todo lo alto, Cada departamento consta de dos o tres recámaras, tres y medio baños, cocina, sala, comedor, balcón, dos cajones de estacionamiento, bodega y una terraza en la azotea.

On a site measuring 12.5 meters wide by 25 meters long, eight apartments have been planned, two on each floor of the building. They are arranged longitudinally and divided by three voids: a central cube for services and two lateral ones with vine-covered terraces that operate as filters between the public and private spaces.

The access to the building is through a smooth-textured boolean that contrasts with the black-pigmented façade, which is of concrete strained through 60-x-90-cm wooden boxes with random perforations, allowing for 40% visibility, light, and ventilation. Each apartment has two/three bedrooms, three and a half bathrooms, a kitchen, a living room, a dining room, two parking spaces, a storage room, and a roof garden.

El gobierno de la Ciudad de México y una de sus delegaciones decidieron construir –tal vez con cierto simbolismo justiciero– una estación de bomberos en el sitio que dejara libre un terrible incendio. Este gesto simbólico, aunado a la efectividad que tuvo intervenir un espacio en avenida Insurgentes, tras muchos años de olvido estético, se propuso como un gesto arquitectónico contemporáneo consciente de sus condiciones y, por lo tanto, de sus posibles efectos.

Debido a las condiciones del sitio y el programa, y en adición a las áreas básicas requeridas para una estación de bomberos, se entretejieron espacios públicos y privados incorporando programas de capacitación y consulta para el público en general. Al exterior, el proyecto funciona como una caja elevada que desaparece detrás de su fachada, apropiándose del contexto urbano mediante una gama de reflejos que flotan desde el interior del patio de maniobras y se extienden en un tejido de luz hacia la calle, y a la inversa. Así, funge a la vez como una lectura del funcionamiento del edificio generada a partir del flujo de los sistemas de transporte que utiliza. Al interior de la caja cromada los programas públicos y privados se auto-organizan a través de planos con perforaciones de distintos diámetros que generan tejidos verticales y horizontales de circulaciones, iluminación, vistas cruzadas y diferentes usos.

Estación de Bomberos "Ave Fénix"
Ciudad de México
2006
4,500 m²

Francisco Pardo
Julio Amezcua

Equipo: Margarita Flores, Daniel Ramírez, Jorge Vázquez, Tiberio Wallentin

The government of Mexico City, in conjunction with that of one of the municipal districts, or *delegaciones*, undertook to build a fire station on a site left vacant by a terrible fire. The redemptive symbolism of the gesture, together with the significance of constructing along Insurgentes —a major thoroughfare that had been neglected esthetically for many years— marked out the project as a contemporary intervention mindful of its conditions and therefore of its possible effects.

Given the conditions of the site and the demands of the program —the basic areas required by a fire station—, public and private spaces are intertwined, with the incorporation of training and consultation areas for the general public. On the outside, the building functions as a raised box that disappears behind its façade, appropriating the urban context through a tissue of reflected light that seems to float from the garage area within to the street without. Generated by the flux of the transport systems utilized, the design allows the functioning of the building to be clearly read. Inside the chrome box, the public and private programs organize themselves on planes with perforations of differing diameters, creating a vertical and horizontal fabric of circulations, lighting, crossing vistas, and varied uses.

Lisboa 7
Ciudad de México
2009
2,700 m²

Francisco Pardo
Julio Amezcua

Equipo: Margarita Flores, Tanya Martínez, Hanni Paz, Arturo Peniche, Aarón Rivera, Roberto Rodríguez, Jorge Vázquez, Tiberio Wallentin

Este proyecto logró identificar un conjunto de variables de diseño que permitieron una vivienda de creciente plusvalía que, además, se integra a la zona y a su tejido social existente. Se desarrolló entonces un edificio lo más denso posible para poder financiar el predio donde se construyó, anteriormente un estacionamiento. El edificio funciona por medio de seis placas de 3.60m de ancho y seis patios de iluminación para generar la mayor superficie de fachada oriente-poniente posible, permitiendo ventilaciones cruzadas y mejor a para los departamentos de las plantas inferiores. Todos los espacios habitables ven al poniente mientras que la fachada oriente está cerrada casi en su totalidad para permitir la privacidad de los espacios. Considerando que la calidad de los espacios, iluminación y vistas son factores muy importantes en viviendas saturadas, se ideó un jardín vertical en la fachada poniente, con plantas que cuelgan de las terrazas.

Lisboa 7 tiene sesenta módulos de 36m² –área mínima aprobada para vivienda en México–, dispuestos para formar cuatro diferentes tipos de vivienda, de uno hasta cuatro módulos (144m²), permitiendo créditos para vivienda mínima o para vivienda media. Cada módulo es de planta libre y tiene un muro húmedo para servicios, como cocinas y baños, que se pueden programar dependiendo de las necesidades de cada usuario. El edificio de cinco pisos tiene dos pasillos de circulaciones horizontales en el segundo y cuarto nivel a través de los que se accede a las unidades de dos y hasta tres pisos –dependiendo de los módulos que las conformen– que fungen como pequeñas casas verticales.

The Lisboa 7 residential project combines a number design variables that make for a full integration of the housing into the existing social fabric, along with an increase in value over time. The building is as densely occupied as possible, in order for the maximum financial yield to be drawn from the site, which was formerly a parking lot. The project consists of six volumes, each one measuring 3.6 meters wide, and six voids that provide cross-ventilation and plenty of light to the apartments on the lower floors. All of the common areas face west, while the eastern façade is almost completely closed off, allowing for more private spaces on that side. Given that the quality of the space, lighting, and views is of great importance in densely occupied housing, the western façade consists of a vertical garden, with plants hanging from the terraces.

Lisboa 7 contains sixty modules measuring 36 m² each –the minimum allowed for housing in Mexico–, arranged into four different kinds of residences, consisting of anywhere from one to four modules (a total area of 144 m²). This allows residents to obtain financing through both basic and mid-level housing credits. Each module has a free plan and a wet wall for kitchen and plumbing services, which can be programmed in line with the needs of individual users. The five-story building has two horizontal circulations corridors, on the second and fourth floors, allowing access to the two- and three-story units, which function as small vertical houses.

Tecamachalco
Ciudad de México
2011
3,060 m²

Francisco Pardo
Julio Amezcua

Equipo: Aída Hurtado, Hanni Paz, Yareni Rebolledo, Tiberio Wallentin

Al poniente de la Ciudad de México, entre las colonias Lomas de Chapultepec, Tecamachalco y Polanco, se identificó un predio de 1,170m² que por estar en una zona que alberga edificios de oficinas, restaurantes, escuelas, áreas verdes y viviendas con un promedio de 220m², asegura una alta plusvalía. Junto con los desarrolladores, para este predio se propuso un edificio de departamentos que ofreciera un programa distinto a los disponibles en el área colindante, principalmente en cuanto a dimensiones se refiere. El proyectó se llamó UNO, pues es el nombre común que se le asigna a los trajes de astronauta, corredores de autos y motociclistas, por reunir todos los recursos y funciones necesarias en una sola pieza.

The 1,170-square-meter lot is located in western Mexico City, surrounded by the neighborhoods of Lomas de Chapultepec, Tecamachalco, and Polanco. In this zone of office buildings, restaurants, schools, green spaces, and housing, with an average lot size of 220 m², there are good prospects for increasing value. Working with the developers, we proposed an apartment building with a program different from what the surrounding area offered, particularly in terms of size. The project was called UNO, in reference to the all-in-one suits, equipped with multiple functions, used by astronauts, racecar drivers, and motorcyclists.

UNO consists of three volumes 21 meters wide and 11 meters deep, containing 27 unique apartments (twenty mod-

UNO consta de tres bloques de 21m de frente por 11m de ancho, en los que se desarrollaron 27 departamentos únicos, veinte módulos de 60m², y siete módulos de 120m², con tres patios arbolados que además dar entrada a la luz natural, generan la máxima superficie posible de fachada oriente-poniente, permitiendo ventilaciones cruzadas y un reducido uso de iluminación artificial. Todo el espacio de UNO es habitable.La totalidad de funciones de cada departamento se localiza detrás de un muro lambrin en el que se ubican todas las instalaciones eléctricas, hidráulicas, de gas, voz y datos, además del área de guardado, closet y cocina. Este muro permite espacios adaptables en el interior, mientras libera y extiende las vistas hacia el exterior, donde pueden verse los arbolados patios.

ules of 60 m² and seven modules of 120 m²), with three green areas that provide plenty of natural light and cross-ventilation, generating the greatest possible extension of the façade along the east-west axis. All of the space of UNO is inhabitable. The full functions of each apartment —plumbing, electrical, and gas installations, voice and data, storage, closet, and kitchen facilities— are located behind one service wall. This wall makes for adaptable interior spaces and open vistas over the tree-filled patios.

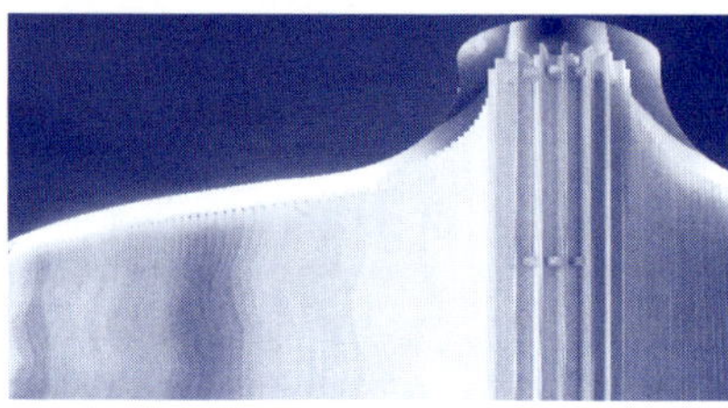

Centro Cultural Digital
Ciudad de México
2012
2,400 m²

Francisco Pardo
Julio Amezcua

Equipo: Karen Burkart, José Luis Fajardo, Tomy García, Alan Orozco, Aarón Rivera, Gabriela Terán

Bajo la petición de Conaculta, se proyectó un centro donde todos pudieran tener acceso a las nuevas tecnologías y a las expresiones artísticas derivadas del mundo digital: el Centro de Cultura Digital CCD.Con un área de 3,000 m² dividida en dos niveles, el CCD se ubica en los sótanos de la Estela de Luz, sobre Paseo de la Reforma. El programa comprende una sala de cine –extensión de la Cineteca Nacional– para 120 personas, un área polivalente para artes escénicas, una sala de exposiciones digitales con pantalla interactiva de leds, un espacio conmemorativo, un bar, una cafetería, un área de oficinas, y servicios.

Las consignas de Conaculta para este proyecto fueron un tiempo de ejecución corto y costos reducidos, por lo que se trabajó una estrategia de diseño que no atentara contra la anatomía existente del lugar. El programa del primer nivel se ordenó por usos: uno, contenido por una línea constructiva que ejerce la jerarquía y el nivel de privacidad de los espacios mediante un juego de materiales y su distinta opacidad; otro, que va de cristal a madera hasta convertirse en una pantalla digital de 15 metros de longitud por 2.20m de altura. En el segundo nivel, la línea constructiva empieza a difuminarse, no sin delimitar parte del programa y enfatizar el área polivalente para artes escénicas.

La Estela de Luz, el monumento inicialmente dedicado a la simple contemplación, se convirtió en uno habitable que permite el uso recreativo de las familias, niños, jóvenes y adultos, rompiendo el esquema tradicional de interacción nula entre monumento y habitabilidad. El CCD subraya una visión para el futuro, contextualizando y entendiendo los paisajes actuales de la ciudad y acoplándolos con las nuevas tecnologías emergentes para crear un espacio integral de sistemas interactivos que satisfagan las necesidades cambiantes de las demandas evolutivas, tanto individuales como sociales.

Commissioned by the Consejo Nacional para la Cultura y las Artes (CONACULTA), the Centro de Cultura Digital (CCD) provides broad access to new technologies and artistic expressions derived from the digital world. With a total surface area of 3,000 square meters distributed over two levels, the CCD is located in the basement levels of the Estela de Luz on Paseo de la Reforma. The program includes a projection hall with capacity for 120 (an extension of the Cineteca Nacional), a digital exhibition hall with an interactive LED screen, a commemorative space, an office area, a bar, a cafeteria, and services.

CONACULTA demanded rapid execution of the project on a low budget, so the design strategy involved minimal intervention into the existing anatomy of the site. The first-level program was ordered by uses: one consisting of a constructive line that hierarchizes the privacy level of the spaces by means of different materials and opacities; another that goes from glass to wood, turning into a digital screen 15 meters long and 2.2 meters high. On the second level, the constructive lines begins to fade, though it still delimits a part of the program and emphasizes the polyvalent area for the scenic arts.

The Estela de Luz ('Stele of Light'), originally designed purely as a visual monument, has been put to recreational use for families, children, young people, and adults, breaking up traditional patterns of the separation of habitable and monumental functions. The CCD proposes a vision for the future, contextualizing and resignifying the cityscape by coupling it with emerging new technologies to create an integral space of interactive systems that satisfy evolving individual and collective demands.

Foros Azteca
Ciudad de México
2012
11,870 m²

Francisco Pardo
Julio Amezcua

Equipo: Sara Ellenberger, Travis Hope, Maxime Hurdequint, Aida Hurtado, Eugenio Lara, Sofía Martínez, Edward O'Donnell, Hanni Paz, Aarón Rivera, Roberto Rodríguez

El proyecto de foros para TV Azteca consistió en integrar en un solo lugar todos los recursos de la televisora para llevar a cabo las grabaciones que anteriormente se realizaban en foros o en locaciones rentadas, con el fin de reducir los costos de logística, transportación y tiempos muertos que antes implicaban. Para lograrlo, se densificó un espacio que originalmente no tenía un propósito específico pero que al estar ubicado en la parte posterior de unos foros existentes, se prestó para recrear una plaza pública en donde se diera servicio a trabajadores y actores por igual. Así, se generó un esquema inusual: foros arriba y abajo, resultando en un ejercicio de estructura, acústica y movilidad poco común.

El interés de AT103 recae en la vinculación del espacio público con el privado de tal forma que pueda experimentarse un uso distinto al habitual, es decir, que un mismo espacio logre generar nuevas experiencias, sensaciones y atmósferas. En este caso, el proyecto formal fue el resultado de extruir un diagrama de relaciones con programas internos y externos: siete foros, área de camerinos y de maquillaje, cabinas técnicas de audio, video y programación, áreas de estar, cafetería, lounge, zona vip, estacionamiento, montacargas, terrazas, cafetería, patios, jardines y helipuerto, además de azoteas que pueden utilizarse para grabaciones, eventos especiales o bien, como áreas de estar.

Para el exterior de los foros se optó por un material de terracota negra que unificó el conjunto y posibilitó la relación con el exterior mediante celosías que permiten tanto iluminación como ventilación naturales.

The Foros Azteca project integrates at a single location all of the television facilities required for productions formerly carried out in rented studios and locations, with a view to reducing the costs of logistics and transportation and eliminating dead time. In order to achieve this, we densified a space not formerly serving any specific purposes in the back part of an existing forum, with a common area equipped to provide services to workers and actors alike. Thus, an unusual system was generated: studios above and below, which has resulted in an innovative exercise of structure, acoustics, and mobility.

The interest of AT103 resides in the linking of public and private space, designed in such a way that new and unusual experiences, sensations, and atmospheres can be experienced in a single space. The formal design was of the result of extrapolating from a diagram showing the interrelations of the internal and external programs: seven studios, a dressing room and makeup area, audio, video, and programming booths, rest areas, a cafeteria, a lounge, a VIP area, parking, a loading dock, terraces, patios, green areas, and a heliport, as well as rooftops that can be used for shooting, special events, or recreational areas.

Black terracotta was chosen for the exteriors, in order to unify the image of the complex. Latticework provides plenty of natural light and ventilation.

Havre 69
Ciudad de México
2013
1,500 m²

Francisco Pardo
Julio Amezcua

Equipo: Karen Burkart, José Luis Fajardo, Alan Orozco, Stephan Rasinger, Aarón Rivera

Havre 69 ReUrbano se encuentra en la parte sur de Paseo de la Reforma, en la colonia Juárez, la más exclusiva de la ciudad de México durante los años del Porfiriato. Con el siglo XX y el crecimiento de la ciudad, la colonia Juárez se vio inmersa en la gran metrópoli; sus residentes originales se trasladaron a nuevos barrios como Lomas de Chapultepec y Polanco, mientras que muchas casas fueron convertidas en áreas de negocio, dando lugar a la Zona Rosa a mediados del siglo XX. Con el paso de los años, los cambios en el uso del suelo y el terremoto de 1985 se detonó un proceso de abandono tardío, que actualmente está siendo revertido por los programas de regeneración de la avenida Reforma y el Centro Histórico de la Ciudad de México.

Havre 69 is located off the southern part of Paseo de la Reforma, in the Juárez neighborhood, which was the most exclusive zone of the city during the Porfirian era. With the growth of the city during the twentieth century, the Colonia Juárez was swallowed up into the vast metropolis, the original residents and their descendants moving to new neighborhoods such as Lomas de Chapultepec and Polanco. Many of the residences in the area were adapted for commercial purposes and the Zona Rosa was developed around mid-century. Changing zoning regulations over the years and the 1985 earthquake catalyzed a process of gradual abandonment, which is currently being turned around by programs to regenerate the Paseo de la Reforma and the city's historic downtown.

ReUrbano identificó la estructura del siglo XIX, que hace más de 100 años alojaba a cuatro familias de clase media-alta. Nuestro proyecto fragmenta estas casas en 14 nuevas viviendas, además de oficinas y dos frentes comerciales: una panadería y un restaurante de menú fijo de bajo costo. El proyecto deja entrar a la ciudad por medio de plazas angostas a los lados, creando una relación entre la ciudad, la colonia y las casa abandonadas. Más que una intervención, Havre 69 se abre al contexto inmediato regenerando la fracturada textura urbana del barrio.

ReUrbano identified a nineteenth-century structure that was home a hundred or so years ago to four upper-middle-class families. The project fragments these original dwellings into fourteen new residences, along with offices and two storefronts: a bakery and a restaurant that offers a prix fixe menu. The design allows the city the infiltrate the complex by means of narrow plazas on two sides, creating a new relation between the abandoned houses, the surrounding neighborhood, and the greater city. More than just an intervention, Havre 69 opens up to the immediate context, regenerating the fractured urban fabric of the neighborhood.

Havre 77
Ciudad de México
2014
1,485 m²

Francisco Pardo
Julio Amezcua

Equipo: Miriam Benitez, Karen Burkart, Víctor Cruz, Tomy García, Benjamin Mercado, Alan Orozco, Aarón Rivera, Gabriela Terán, Vania Torres, Tiberio Wallentin

Como su propio nombre sugiere -en referencia a su actual dirección- Havre 77 de Francisco Pardo en colaboración con Julio Amezcua, es un proyecto de reciclaje y re-densificación urbana que está profundamente arraigado en el tejido urbano de Ciudad de México. Situada en el lado sur del emblemático Paseo de la Reforma, la intervención forma parte de un programa más amplio de regeneración que cubre Colonia Juárez. El ahora bullicioso distrito, era uno de los suburbios más exclusivos de la ciudad a principios del siglo XX, antes de verse afectado por una revolución y la destrucción ocasionada por dos terremotos en 1957 y 1985, que llevó a un congelamiento del precio de los alquileres que duró más de 50 años.

Esta casa del siglo XIX, que en tiempos pasados acomodó a una familia de clase media alta, ha sido transformada radicalmente en un sitio multifuncional, que incluye oficinas, espacios de co-working y dos restaurantes, uno especializado en cocina francesa y otro en comida japonesa. Una nueva estructura de acero y hormigón de dos pisos, se agarra como una prótesis en un cuerpo humano a la parte superior del antiguo edificio de ladrillo, en conjunción con una sección adicional que se encuentra en la parte posterior. Evocando diferentes épocas a través de diversos lenguajes, el edificio original y las nuevas partes se integran a la perfección, complementándose mutuamente como dos caras de la misma moneda. Insuflando nueva vida a un espacio abandonado, Havre 77 se abre a la calle y la trae en su interior, a través de una plaza intersticial en el lado sur.

El proyecto, que forma parte de un sistema sinérgico, está a poca distancia de otras intervenciones arquitectónicas de Francisco Pardo Arquitecto, como Havre 69 - otra antigua casa convertida en un edificio mixto- y Milàn 44, un mercado contemporáneo. Marcando un nuevo capítulo en la historia urbana de Colonia Juárez, el proyecto destaca por su enfoque humanitario y pone de relieve las potencialidades colectivas de los edificios abandonados en el corazón de Ciudad de México.

As its name suggests (current street and number), Havre 77, undertaken in collaboration with Julio Amezcua, is an urban recycling and redensification project deeply rooted in the urban tissue of Mexico City. Located off the southern end of the emblematic Paseo de la Reforma, the intervention is part of a broad program aimed at regenerating the Juárez neighborhood. This bustling zone was one of the city's most exclusive suburban neighborhoods at the beginning of the twentieth century, before suffering the effects of a revolution and then two earthquakes (1957 and 1985), which led to the freezing of rents for more than fifty years.

This nineteenth-century residence, once home to an upper-middle-class family, has been transformed radically into a multifunctional site with offices, coworking spaces, and two restaurants (French and Japanese). The new two-level steel and concrete structure is attached like a prosthesis on a human body to the upper part of the original brick building, along with an additional section at the back. Though evoking different ages through different languages, the original building and the new part are perfectly integrated, complementing each other like two sides of the same coin. Breathing new life into an abandoned space, Havre 77 opens up to the street and draws the exterior in through an interstitial plaza on the south side.

The project, which forms part of synergic system, is a short distance away from other architectural interventions by Francisco Pardo, such as Havre 69, another former residence transformed into a mixed-use building, and Milán 44, a contemporary market. Opening a new chapter in the urban history of Colonia Juárez, the project is striking for its humanitarian focus and brings out the collective potentialities of abandoned buildings existing in the heart of Mexico City.

Milán 44
Ciudad de México
2015
1,016 m²

Francisco Pardo
Julio Amezcua

Equipo: Víctor Cruz, Benjamín Mercado, Gabriela Mosqueda, Jan Müller, Aarón Rivera, Tiberio Wallentin

Milán 44 se ubica en la colonia Juárez de la Ciudad de México, un barrio contenido entre dos zonas contrastantes, habitadas por tribus urbanas muy distintas: por un lado miles de oficinistas del corredor financiero de Paseo de la Reforma, que abandonan la zona por la noche, y por otro la colonia Roma Norte, la capital de la cultura hipster de la Ciudad. En medio de éstas queda la Juárez, generando una presión de vacío que rápidamente atrae a los dos polos. Esta zona céntrica y estratégica para el futuro de la Ciudad, cuenta con historia, infraestructura y una gran posición geográfica, por lo que debe aprovechar el momento histórico en el que se encuentra y reutilizar de la mejor manera los espacios disponibles. Precisa reciclar y reprogramar las edificaciones, además de llenar los vacíos que quedaron de los sismos pasados.

La estructura existente en la que trabajamos, una bodega de cuatro pisos que originalmente se destinó a la venta de autopartes y que albergaba una pequeña oficina, fue diseñada de una manera utilitaria. La importancia de rescatar esta estructura toma sentido en su retícula existente -trabes y columnas- que es muy regular y permite integrar cualquier tipo de programa. El nuevo programa es una extensión de la Ciudad, hacia adentro y hacia arriba, es público; un mercado local de dos pisos, que combina un par de restaurantes y un estudio de yoga. La intervención cambia el sentido del edificio, originalmente una bodega de fachadas ciegas, que actualmente es una estructura abierta a la Ciudad, y que con el paso del tiempo puede cambiar de programa. La retícula casi perfecta es el marco en donde los espacios se acomodan, ordenan y permanecen.

Milán 44 is located in the Colonia Juárez of Mexico City, a neighborhood that sits between two contrasting zones and is inhabited by two very different urban tribes: on one side, the thousands of office workers from the financial corridor of Paseo de la Reforma, who abandon the zone in the evenings, and on the other, the inhabitants of Roma Norte, the hipster hub of Mexico City. Juárez is wedged between these two areas, subject to pressures from either pole. This central neighborhood, which is strategic to the future of Mexico City, is rich in history and possesses both infrastructure and an excellent geographical location. It needs to take advantage of its historical moment and make the most of the spaces available, to recycle and reprogram building, and to fill up the voids left by earthquakes that have affected the zone.

The preexisting structure of Milán 44 was a four-storey warehouse originally devoted to the sale of auto parts, equipped with a small, utilitarian office. The importance of salvaging the structure is clear from its regular grid of beams and columns, which is suited to integrating any kind of program. The new program is an extension of the surrounding city, looking both inwards and outwards: a public market containing a couple of restaurants and a yoga studio. The intervention has changed the sense of the building, which originally projected blank façades, into a structure open to the urban context, and with the possibility of changing its program over time. The almost perfect grid structure is a framework for enduring spaces to be ordered and arranged in.

Un cuarto más
Temixco, Morelos
2016
9 m²

Francisco Pardo

Equipo: Karen Burkart, Ombeline De Laage, Wilfrido Estrada, Israel García, María Fernanda Sandoval, Ivan Saucedo, Andrea Suardi, Erick Trejo

La propuesta parte de un modulo de 3.00 x 8,00 mts con el que se forma el espacio básico, y en donde se desplanta el cuarto extra de 3.00 x 3.00 m. Este prototipo propone una estructura fija que más que un crecimiento, es una base para crecer, es un marco estructural que ordena y acomoda los espacios futuros, es progresiva. Una escalera que se convierte en el espacio que separa la ciudad de la vivienda pero también la extiende al segundo piso de la misma. La escalera tiene dos funciones, conectar en vertical y separar la vivienda del exterior. Un nuevo acceso donde se utiliza el espacio del jardín existente que es un remanente del diseño original del prototipo. Arriba, esta escalera se convierte en pérgola, una terraza preámbulo de la habitación nueva,

The design is based on a 3-x-8-meter module, which forms the basic space, on top of which the extra 3-x-3-meter room is placed. This prototype proposes a fixed structure more than an expansion: it is rather a basis for expansion, a structural framework that orders and accommodates future spaces, progressively. The stairway becomes a space that separates the surroundings from the dwelling, but which also extends its upper floor. The stairway has two functions: to interconnect vertically and to separate the dwelling from the exterior. A new access that uses the garden spaces is a leftover from the original prototype design. Above, the stairway is transformed into a pergola, a terrace serving as a preamble to the new dwelling, and the same structure extends to form "an extra

la misma estructura se extiende para formar el "cuarto más" de 9 m². La relación entre la escalera, la terraza pergolada y el cuarto funcionan en conjunto para crear más que 9 metros, una secuencia de espacios que se adhieren a la casa original sin modificar su condición y estructura existente. La casa original y la nueva estructura forman una simbiosis donde existe una correlación pero al mismo tiempo una independencia.

room" (*un cuarto más*) measuring nine square meters. The interrelation between the stairway, the terrace with pergola, and the extra room functions to create a space of more than nine square meters: a sequence of spaces adhering to the original house without modifying its existing structure or condition. The original house and the new structure constitute a symbiosis that involves both correlation and independence.

Parque Héroes
Toluca de Lerdo, Estado de México
2017
12,200 m²

Parque Colinas
Almoloya de Juárez, Estado de México
2018
18,200 m²

Francisco Pardo

Equipo: Sophía Alami, Karen Burkart, Wilfrido Estrada, Román Ramírez, Sofía Rodríguez, Ivan Saucedo, Daniel Vázquez

Encargados por el CIDS y el INFONAVIT —principales instituciones mexicanas que promueven el desarrollo de vivienda sustentable— los parques Colinas del Sol y Héroes, son parte de un programa social más amplio que busca reparar los efectos del abandono en estas construcciones y está repensando el espacio público para revertir las condiciones de la vivienda y la segregación social que afecta a las zonas marginadas del país.

Realizada en tan solo seis meses, conociendo los requerimientos de un presupuesto muy ajustado, los dos parques presentan soluciones de diseño simples y materiales asequibles como el concreto, acero y bloques de cemento, que han sido construidos con el apoyo de la comunidad local, movilizando el entusiasmo de los residentes locales y generando un sentido de pertenencia a una comunidad multicultural.

El Parque Colinas consiste en la revitalización de los bloques y parques pertenecientes a la Unidad Habitacional En orden para acercarse al área de dos héctareas, el sitio se ha dividido en distintas áreas temáticas – desde las áreas de juego hasta el espacio de meditación, de la rampa de patinaje a la cancha de fútbol, del pabellón para eventos públicos, permitiendo intervenciones puntuales y efectivas. Una corriente de agua existente parcialmente contaminada ha sido transformada en un río, permitiendo un sistema de riego lento para la vegetación y articulando las diferentes secciones del parque, diseñadas de acuerdo a la actividad y a la edad de los usuarios, para fomentar las reuniones familiares y la integración de la comunidad.

La renovación del Parque Los Héroes, consistió en la renovación de la pavimentación existente utilizando un sólo modulo en orden para articular diferentes espacios y definir nuevas actividades. Ese módulo es un adoquin hexagonal que, como un pixel, modifica la topografía y permite un diseño flexible del espacio. Para complementar la propuesta, se agregó una retícula de 100 árboles – cada uno localizado a tres metros de distancia. Incluyendo el área de juegos para niños, las canchas de fútbol y basquetból y la pista de patinaje, el parque es totalmente inclusivo y diseñado para mejorar la calidad de vida de las unidades habitacionales adyacentes y de la escuela primaria.

Commissioned by the INFONAVIT, Mexico's low-cost housing agency, through the Centro de Investigación para el Desarrollo Sostenible (CIDS), the Parque Colinas del Sol and the Parque Héroes are part of a broader program carried out over the last thirty years to repair the scars left by abandoned properties and to reconceive public space in such a way as to improve housing for poorer Mexicans and address the social segregation inadequate housing brings in its wake.

Executed in just six months, on a very tight budget, the two parks propose simple design solutions with readily-available, low-cost materials, such as concrete, steel, and cement blocks. They were constructed with the support of their local communities, mobilizing the enthusiasm of residents and generating a sense of belonging to a multicultural collectivity.

The Parque Colinas del Sol project consisted of the revitalization of the blocks and parks belonging to the Colinas del Sol housing development in Almoloya de Juárez. The two-hectare site was divided into different thematic areas to allow for effective pinpoint interventions: the playground area, a meditation space, the skateboarding ramp, the soccer field, and a pavilion for public events. A partially polluted water course has been transformed into a small river, used for sprinkling and articulating the different sections of the park, which have been designed in accord with the different ages and activities of users, with a view to fostering family gatherings and community integration.

At the Parque Héroes in the Los Héroes III housing development in the city of Toluca, the pavement was renovated through use of a single modular paving stone to articulate the different spaces and delimit new activities. Like a pixel, this hexagonal module modifies the topography and allows for a flexible design of the space. A new grid of one hundred trees placed three meters apart complements the proposal. With its children's play area, soccer field, basketball court, and skating track, the park is fully inclusive, designed to improve the quality of life of the adjacent housing developments and primary school.

Kura
Ciudad de México
2018
230 m²

Francisco Pardo
La Metropolitana

Equipo: Karen Burkart, Juan Gutierrez, Alice Picou, Román Ramírez, Sofía Rodríguez, Ivan Saucedo

El interiorismo de Izakaya Kura, un restaurante dentro de una vecindad de principios del siglo XX, en la colonia Roma, forma parte de un proyecto mayor que ha desarrollado en los últimos años.

Dada la condición de la estructura original, el paso del tiempo y los múltiples programas a los que se había sometido esta edificación, los primeros trabajos se hicieron fueron estructurales. Con el fin de rescatar la casa, se quitaron todos los muros intermedios y se colocó una nueva estructura metálica –que ahora sostiene el cascarón antiguo– para ganar flexibilidad en la planta del nuevo programa.

A la par, trabajó en colaboración con La Metropolitana para poder integrar una línea nueva de mobiliario, áreas privadas de comensales y nuevos baños. El patio central, por ejemplo, diseñado como un espacio contemplativo sin acceso, tiene un muro diagonal de madera quemada –una tradición japonesa llamada Shou Sugi Ban– que permitió crear distintas atmósferas y vistas desde los diferentes salones, y a la vez genera puntos de fuga que cambian la sensación del espacio. Otro de los patios, también contemplativo, funge como vestíbulo de los baños, y se diseñó sólo con grandes bloques de lava.

El diseño de mobiliario, en particular de las mesas privadas, se pensó para organizar ambientes separados con vistas únicas, divididos con telas de paño que permiten tener cierta transparencia entre cada módulo.

The interior decoration of Izakaya Kura, a restaurant located in an early-twentieth-century residential building in the Roma neighborhood, is part of a larger project carried out over the last several years.

Given the condition of the original structure, the passage of time, and different programs the building has contained, the first task was a structural one. All the intermediate walls were removed from the building and a new metallic structure —which now supports the original shell— was installed, making for a more flexible floor plan to receive the new program.

At the same time, with the collaboration of La Metropolitana, a new line of furnishings, private dining areas, and new restrooms were installed. The central patio, for example, designed as an enclosed contemplative space, has a diagonal wall of charred wood —a Japanese tradition known as Shou Sugi Ban—, which allow different atmospheres and views from the various salons to be created, while at the same time generating vanishing points that modify the feeling of the space. Another patio, also a contemplative space, designed with large blocks of lava, serves as a vestibule to the restrooms.

The design of the furnishings, especially in the private dining spaces, has been conceived to create distinct ambiences with unique views, divided with translucent fabrics that lend an air of transparency to each of the modules.

Ocuilan
Ciudad de México
2018
1,500 m²

Francisco Pardo

Equipo: Karen Burkart, Daniel Castillo, Juan Gutiérrez, Jesús Manjarrez, Erendira Navarrete, Román Ramírez, Sofía Rodríguez, Ivan Saucedo, Gustavo Vargas

Dentro del marco de la reconstrucción del sismo de Septiembre 19 del 2017, por encargo de la Fundación Pienza Sostenible y Love Army México, en el poblado rural Ocuilan de Arteaga, diseñamos la casa para la Familia Guzmán. Cuando los conocimos, en su terreno de 75m² había una construcción precaria de madera que no aislaba de la intemperie de unos 5 por 4 metros con piso de tierra donde dormían Karina, su esposo Miguel Ángel y sus hijas Annette y Alix. La construcción, que sufrió daños irreparables en el terremoto, estaba cubierta con lámina y anexa a esta se encontraba una letrina con cortina de tela que se usaba de baño para todas las construcciones del terreno familiar (5 construcciones, 9 miembros). Lo primero fue entender que si construíamos una casa de una sola planta, es decir 49m² en un terreno de 75m², dejaríamos sin área libre a la fami-

As part of the reconstruction effort following the earthquake on 19 September 2017, at the request of the Fundación Pienza Sostenible and Love Army México, we designed a house for the Guzmán family in the village of Ocuilán de Arteaga in Estado de México. When we met the family —Karina and her husband Miguel Ángel, with their daughters Annette and Alix—, they were living in a makeshift dwelling, five by four meters in dimensions, that was exposed to the elements. The construction had suffered irreparable damage in the earthquake and was covered with a sheet metal roof. Next to it, behind a cloth curtain, was the latrine, which served all of the constructions on this family lot (five constructions and nine family members in total). The first thing we realized was that, if we were to build a single-storey house in the space available (49 m² on a lot measuring 75 m²), we would leave the family without any free

lia, decidimos hacer la casa en dos pisos minimizando el desplante a 24.5 m². Esto también nos permitía generar una terraza en el tercer piso donde se observa todo el pueblo, la milpa inmediata y los volcanes de los alrededores y espacio intimo de la familia, explicándoles que seria un mirador para observar los alrededores. Observando la dinámica de la familia entendimos que la relación con el exterior es muy importante, Karina cocina con leña al aire libre, mientras las niñas juegan en el campo, esto nos hizo pensar en la cocina como eje central de la casa, el lugar donde se ve todo, mientras Karina cocina, puede estar viendo el campo, interactuando con su familia y vecinos y viendo a las niñas. También entendimos que el baño, –a diferencia de lo que estamos acostumbrados cotidianamente en la vivienda contemporánea– era mucho mas funcional que estuviese afuera de la casa, independiente, ya que es un baño no sólo sirve para la familia, si no para miembros miembros de las otras construcciones vecinas.

space, so we decided to build two levels of 24.5 m² each. This also made it possible to generate a rooftop terrace from which the entire village could be seen, as well as the surrounding fields and the volcanoes in the distance: both a mirador and a private space for the family. Observing the family dynamic, we understood that the relation of the spaces to the exterior was highly important: Karina does the cooking over an open-air wood fire while the children play in the fields. This led us to think of the kitchen as the central axis of the house, the place from which everything else can be observed. While Karina is cooking she can look out onto the fields, interacting with her family members and neighbors and keeping an eye on the children. We also understood that the bathroom facilities would be much more practical outside the house –in contrast to usual contemporary usage in Western countries–, since they were to serve not only the immediate family, but also the neighboring constructions.

Puerto Escondido
Puerto Escondido, Oaxaca
2019
8,310 m²

Francisco Pardo

Equipo: Karen Burkart, Victor Cruz, Wilfrido Estrada, Ivan Saucedo, Vania Torres, Tiberio Wallentin

Villa La Escondida se encuentra en un lugar estratégico de Puerto Escondido, Oaxaca: un risco junto al faro, a 50 metros sobre el océano Pacífico. El proyecto se diseñó respetando la topografía del terreno –con una inclinación que va de los 20 a los 40 grados–, a partir de una secuencia de escalonamiento, rotación y patios intermedios. Así se creó un patrón común, replicable entre las unidades, que permitió vistas mayores a 180°, ventilación e iluminación natural en cada una, y un recorrido complejo que genera una experiencia única para el usuario.

El programa de todas las viviendas consta de tres recamaras y una sala/comedor con una terraza de 70m² sobre la unidad inferior. La terraza privada tiene como función mejorar la vista de cada unidad, y permitir privacidad entre los vecinos por medio de jardineras perimetrales. Cada casa tiene una pequeña piscina privada, y en las azoteas de aquellas más altas se encuentran las áreas comunes divididas en tres zonas: al este, la más alta, la zona de descanso y el bar; al centro la piscina principal y zona de asoleamiento; y al oeste una pequeña piscina para niños.

El acceso a cada unidad es a través de andadores naturales: dos jardines que replican la pendiente natural del terreno y se extienden hacia el mar para facilitar la ventilación natural de las unidades. Esto, aunado a su orientación, a los volados que generan sombra y viento cruzado por medio de las terraza, y a los muros laterales, ayuda a que no sea necesario el uso de aire acondicionado en las viviendas.

Villa La Escondida is located in a strategic point in Puerto Escondido, Oaxaca: on a clifftop next to the lighthouse, overlooking the Pacific Ocean fifty meters below. The design of the project respects the topography of the lot, with its 20-to-40-degree slope, by means of a sequence of stepping, rotation, and intermediate patios. Thus, a standard pattern was established, replicable among the different units, that allows for 180-degree vistas and plenty of natural light and ventilation in each one, with a complex layout that offers a unique experience to each user.

The program of each unit consists of three bedrooms with living room/dining room and a terrace measuring 70 square meters on the lower level. The private terrace enhances the vistas of each unit while at the same time making for privacy among neighbors through the use of planters around the perimeters. Each unit has a small private swimming pool, while there are three types of common areas on the uppermost rooftops: to the east (the highest), a bar and rest area; in the center, the main swimming pool with a sundeck; and to the west, a smaller pool for children.

Access to each unit is by way of natural paths: two gardens that replicate the natural slope of the terrain and stretch down to the sea, providing plenty of natural breezes. These breezes, together with the shade from the cantilevered roofs, the cross ventilation generated by the terrace, and the lateral walls, render air conditioning in the units unnecessary.

agradecimientos a:
special thanks to:

Adam Wiseman, Adolfo Pardo, Adriana González Ochoa, Ana Gálvez, Angélica Ibarra, Alberto Kritzler, Alejandro Gutiérrez, Alejandro Hernández, Alejandro Kahan, Andrea Griborio, Andrea Portilla Demichellis, Axel Fridman, Bernardo Gómez-Pimienta, Carlos Zedillo, Chuzo Irizar, Colmena, Consuelo Sáizar, Diana Arnau, Diego Padilla, Edo Kobayashi, Elena Reygadas, Elizabeth Rembis, Emilio Gamus, Enrique Macías, Enrique Norten, Fernanda Olivares, Fito Pardo, Gabriel Lagos, Grace Quintanilla, Gumaro Lizárraga, Héctor Esrawe, Hernán Díaz Alonso, Hiro Hosaka, Isaac Gómez, Jacobo Guttman, Jaime Navarro, Jaime Sierra, James Slade, Jose Castillo, José Manuel Espínola, Judith Servin, Julia Gómez Candela, Julio Amezcua, Julio Gaeta, Karen Burkart, Luby Springall, Luca Molinari, Marie de Testa, Mauricio Guerrero, Minsuk Cho, Miquel Adrià, Moisés Romano, Nacho Cadena, Olympia Frangos, Pablo Astorga, Rafael Gamo, Rodrigo Escobedo, Rodrigo Rivero Borrell, Rozana Montiel, Saidee Springall, Samuel Alfille, Sofía Rodríguez, Take Matsumoto, Ximena Orozco, Yuri Zagorin.

a todos nuestros colaboradores en las obras, trabajadores, contratistas, consultores, especialistas y proveedores.
and to all our collaborators on site, including construction workers, contractors, consultants, specialists, and suppliers.

equipo 2001-2018:
team 2001-2018:

Víctor Acosta
Leslie Águila
Sophia Alami
Yamileth Alcántara
Elí Ambris
Sigi Arenz
Canek Arteaga
Jessica Barba
El Mehdi Belyasmine
Elba Benítez
Miriam Benítez
Dante Borgo
Lorena Brambila
Nilsa Calvo
Daniel Castillo
Mariano Castillo
Saraí Cházaro
Federico Colella
José Cortines
Anaid Cruz
Víctor Cruz
Gabriela De la Rosa
Ombeline De Laage
Armando Díaz
Jorge Domínguez
Jürgen Eisenhauer
Sara Ellenberger
José Luis Fajardo
Juan Carlos Fernández
Margarita Flores
Hilkar Galván
Israel García
Tommy Tonatiuh García
Anna Giribets
Ivonne González
María Fernanda González
Jonathan Guaida
Travis Hope
Maxime Hurdequint
Aida Hurtado
Angélica Ibarra
Alejandro Kahan
Elena Klinnert
Adolfo Lara
Eugenio Lara
Juan Carlos Llata
Rodrigo Lugo
Elba Luis
Ivan Martínez
Leonel Martínez
Sofía Martínez
Tanya Martinez
Blanca Maturano
Daniel Mayen
Benjamín Mercado
Jonathan Meyer
Arturo Montiel
Marta Mora
Pamela Moreno
Gabriela Mosqueda
Jan Müller
Marina Muñoz
Edward O'Donnell
Alan Orozco
Hanni Paz
Arturo Peniche
Diana Pérez
Gerardo Pérez
Claudia Pinto
Nicolás Quintana
Daniel Ramírez
Stefan Rasinger
Yareni Rebollar
Diego Rico
Aarón Rivera
Alejandro Rivera
Gabriela Rodríguez
Roberto Rodríguez
Diego Román
María Fernanda Sandoval
Rodrigo Solé
Andrea Suardi
Aurelié Tauziet
Nicolás Tetu
Arturo Torrecillas
Jorge Torres
Vania Torres
Mariana Tostado
Erick Trejo
Mauricio Valadez
Mónica Vallina
Daniel Vázquez
Diana Vázquez
Carolina Velasco
Adriana Velazquez
Sinuhe Vera
Diego Villanueva
Tiberio Wallentin
Carolina Yado

equipo 2019:
team 2019:

Karen Burkart
Rosa Medrano
Ivan Saucedo

Austin Anderson
Carlos Cepeda
Maricarmen Cruz
Patricio Cuello
Astrid Duchaille
Joanne Elliott
Wilfrido Estrada
Juan Gutiérrez
Maximilian Kochinke
Catalina Lombardo
Eréndira Navarrete
Alice Picou
Román Ramírez
Sofía Rodríguez
Miguel Rosas
Damien Rougier
Laura Sánchez
Gustavo Vargas

FRANCISCO PARDO arquitecto por la Universidad Anáhuac y con Maestría en Arquitectura por la Universidad de Columbia en Nueva York. Obtuvo la beca para jóvenes creadores del FONCA en 2001 y es miembro del Sistema Nacional de Creadores desde 2010.

En 2000, fundó con Julio Amezcua AT103, estudio de arquitectura donde desarrollaron proyectos a diferentes escalas. En 2008, la Estación de Bomberos "Ave Fénix" obtuvo una medalla de plata en la Bienal de Arquitectura Mexicana y el primer lugar en la categoría de Mejor Edificio Institucional en el Festival Internacional de Diseño. En 2009, Pardo recibió el título de "Emerging Voices" de la Architectural League de Nueva York, el reconocimiento más importante para las firmas emergentes que distingue los nuevos estudios en Norteamérica. Posteriormente, recibió en dos ocasiones consecutivas la medalla al mejor edificio de vivienda en la Bienal de Arquitectura Mexicana, y también ganó el Gran Premio del Jurado en la Bienal Panamericana de Quito, en Ecuador. En 2011 obtuvo el primer premio en el concurso de Rehabilitación del Palacio de Lecumberri que actualmente funciona como Archivo General de la Nación y primer lugar en el festival Archmarathon en Milán, Italia por Havre 69.

En 2015 fundó el estudio Francisco Pardo Arquitecto en la Ciudad de México. Su oficina fue nombrada por la revista Wallpaper* de Londres como una de las 50 oficinas jóvenes más importantes e influyentes en el mundo, y fue seleccionado por la revista inglesa Icon, como una de las 50 firmas de diseño y arquitectura que están forjando el futuro. Su obra ha sido publicada y exhibida internacionalmente; ha impartido conferencias en múltiples instituciones en países como China, España, Estados Unidos, Italia, Alemania, Venezuela, Brasil, Chile, Argentina, Colombia, entre otros.

Ha sido profesor de la Licenciatura en arquitectura en la Universidad Anáhuac y la Universidad Iberoamericana. Ha sido profesor invitado de Maestría en UC Berkeley en California, en donde fue nombrado "Friedman Profesorship" en 2010. Actualmente es profesor en el Southern California Institute of Architecture en Los Ángeles (SCI-Arc), donde es coordinador del programa SCI-Arc Mexico. El arquitecto Francisco Pardo ha redirigido sus esfuerzos hacia un alcance en la arquitectura más social, más local, entendiendo esta disciplina como una herramienta para el desarrollo social del país y del mundo. Actualmente trabaja en proyectos de vivienda social y diferentes proyectos de reciclaje en la Ciudad de México.

FRANCISCO PARDO graduated as an architect from the Universidad Anáhuac and earned a master's degree in architecture at Columbia University in New York. He received a "Young Creators" grant from the Fondo Nacional para la Cultura y las Artes (FONCA) in 2001 and has been a member of the Sistema Nacional de Creadores since 2010.

In the year 2000, in partnership with Julio Amezcua, he had founded AT103, a firm that developed projects on a range of different scales. In 2008, the Ave Fénix fire station was awarded the silver medal at the Bienal de Arquitectura Mexicana and first place in the Best Institutional Building category of the Festival Internacional de Diseño. In 2009, Pardo was chosen for the "Emerging Voices" lecture series of the Architectural League of New York, the most important distinction awarded to up-and-coming firms in the Americas. He later received, on two occasions, the medal for best residential project at the Bienal de Arquitectura Mexicana, as well as the jury's grand prize at the Bienal Panamericana de Quito in Ecuador. In 2011 he was awarded first prize at the invitation-only competition to renovate the former Palacio de Lecumberri in Mexico City, which now functions as the Mexican National Archive, and first prize at the Archmarathon festival in Milan, Italy, for his Havre 69 project.

In 2015 he founded the studio Francisco Pardo Arquitecto in Mexico City. His firm has been named by the magazine *Wallpaper* (London) as one of the 50 most important and influential new studios in the world and was selected by the British magazine *Icon* as one of the 50 design and architecture firms that are forging the future. His work has been published and exhibited internationally and he has lectured in China, the United States, Spain, Italy, Germany, Venezuela, Brazil, Chile, Argentina, and Colombia.

Pardo has been a professor in the undergraduate architecture programs of the Universidad Anáhuac and of the Universidad Iberoamericana. In 2010 he was appointed to the Friedman Visiting Professorship in the master's program of the University of California, Berkeley. He is currently a professor at the Southern California Institute of Architecture (SCI-Arc) in Los Angeles, where he is coordinator of the SCI-Arc Mexico program. Pardo has recently redirected his efforts at a more socially-committed, more locally-based architecture, understanding his discipline as a tool for social development in his own country and the world. He is currently working on various low-cost housing and architectural recycling projects in Mexico City.

Luca Molinari
Crítico e historiador de arquitectura con una amplia trayectoria que abarca más de 30 años, incluida la educación universitaria y asignaciones en campo de investigación arquitectónica, curaduría, publicación y consultoría. Luca Molinari comenzó su firma independiente en 2015. Cuenta con el respaldo de un equipo de profesionales calificados en arquitectura, diseño gráfico y de exposiciones, edición, revisión y gestión de proyectos.

Hernan Díaz Alonso
Director de la oficina de arquitectura HAD-X con sede en Los Ángeles. Su práctica multidisciplinaria es elogiada por su trabajo en la intersección del diseño, animación, entornos interactivos y las exploraciones arquitectónicas radicales. Es el Director y CEO de SCI-Arc, Instituto de Arquitectura del Sur de California en Los Ángeles.

Alejandro Hernández Gálvez
Arquitecto y editor. Ha participado en diversos concursos y proyectos, ha sido curador de varias exposiciones y participado en diversas bienales. Es Director de Contenido de la revista Arquine desde julio del 2013, coautor de *100×100+: Arquitectos del siglo XX en México* y autor de *Sombras, sombreros y sombrillas: de los principios de la arquitectura*.

Luca Molinari
Critic and architectural historian with extensive experience, spanning more than thirty years, including university teaching and assignments in the fields of architectural research, curatorship, publishing, and consulting, Molinari started his own independent firm in 2015. He is supported by a team of skilled professionals with experience in architecture, graphic and exhibition design, publishing, copyediting, and project management.

Hernan Díaz Alonso
Head of the Los Angeles-based architecture office HAD-X. This multidisciplinary practice has been praised for its work at the intersection of design, animation, interactive environments, and radical architectural explorations. Díaz Alonso is the director and CEO of the Southern California Institute of Architecture (SCI-Arc) in Los Angeles.

Alejandro Hernández Gálvez
Architect and editor. He has participated in numerous architectural competitions and projects, curated exhibitions, and taken part in several biennials. Content director of the magazine *Arquine* since July 2013, he is the coauthor of *100×100+: Arquitectos del siglo XX en México* and the author of *Sombras, sombreros y sombrillas: de los principios de la arquitectura*.

créditos de fotografía

photo credits

Diana Arnau
p. 115-119, 121-123, 125, 143-147, 149-151, 153

Pablo Astorga
p. 215-217, 225, 227

Colmena
(fotogramas/excerpt from video)
p. 178, 179, 186, 187

José Manuel Espinola
p. 130, 131

Rafael Gamo
p. 52-55, 59-63, 65, 69-76, 78, 79, 99-107, 109-111

Mauricio Guerrero
p. 230, 232-236, 238, 239, 241

Angélica Ibarra
p. 156, 158-161, 163

Enrique Macías Martínez
p. 83, 91-95

Jaime Navarro
p. 36, 38, 39, 42, 43, 45-47, 49, 157, 167, 168, 171-173,
175-177, 183, 184, 188-193, 195, 197, 219, 221-223

Fernanda Olivares
p. 220

Diego Padilla
p. 200, 202-204, 206-209, 211

Fito Pardo
p. 24-27, 29-31, 33, 40, 48

Adam Wiseman
p. 129, 132-138

este libro se publicó gracias al apoyo de
this book has been published with the support of

Textos | Texts
Hernán Díaz Alonso
Luca Molinari
Alejandro Hernández

Arquine

Dirección general | Director
Miquel Adrià
Dirección ejecutiva | Executive director
Andrea Griborio
Dirección editorial | Editorial director
Selene Patlán
Coordinación editorial | Editorial coordinator
Miguel Caballero
Diseño | Design
Francisco Pardo
Sofía Rodríguez
Formación | Layout Design
Samuel Morales
Corrección de estilo | Copy editing
Jimena Lechuga
Lectura de pruebas | Proofreading
Alejandro Hernández
Traducción | Translation
Gregory Dechant
Preprensa | Prepress
Juan Carlos Almaguer

www.arquine.com

ISBN: 978-607-9489-47-2

Francisco Pardo. Imperfecciones se terminó de imprimir y encuadernar en febrero de 2019 en Offset Santiago. Impreso en papel Bond. Para su composición se utilizó la familia tipográfica Nimbus Sans diseñada por URW++. El tiraje fue de 2,000 ejemplares.

Francisco Pardo. Imperfections was printed and bound by Offset Santiago in February 2019. It was set in digital typefaces of the Nimbus Sans family by URW++ and printed on Bond paper, with a print run of 2,000 copies.